COLECCIÓN ARTES MARCIALES

Artes Marciales
EL AIKIDO

4ª Edición

Por

José Santos Nalda

**EDITORIAL
PAIDOTRIBO**

ÍNDICE

PRÓLOGO

Los pequeños y sucesivos descubrimientos de muchas generaciones que han permitido avanzar al hombre, las observaciones milenarias, gracias a las cuales conocemos mejor cuanto nos rodea, las experiencias de todo género acumuladas durante siglos, que se han revelado como buenas para mejorar nuestra existencia, han llegado hasta nosotros, gracias a que los autores o descubridores de las mismas quisieron divulgarlas y transmitirlas oralmente o por medio de la escritura.

Bien es cierto que el libro no puede sustituir al maestro, pero es indudable que constituye un medio excelente para orientar y facilitar el rumbo a "todo aquél que busca...".

He intentado recoger en estas páginas aquellos conocimientos que son considerados como los fundamentos básicos de la formación de todo aikidoka, así como unos capítulos dedicados a técnicas avanzadas –combinaciones y contrapresas– que entre otras cosas, forman parte del núcleo de avance y progreso necesario a los cintos negros y profesores, por lo que creo que serán útiles a muchos practicantes.

El arte del Aikido es amplio y complejo, pretender delimitarlo es tarea vana, por lo que se hace conveniente abordarlo de manera gradual y metódica, como el que sube una escalera peldaño a peldaño. No se puede llegar al sexto escalón de un salto, es más prudente, fácil y seguro pasar antes por los que le preceden.

He escrito este libro con el deseo y la esperanza de que pueda ser útil a "aquellos que buscan, o que carecen de la guía personal de un Maestro...". Si este propósito cobra realidad en alguna persona mi esfuerzo habrá servido para algo, porque como dice un adagio Zen: "Cuando el discípulo está presto aparece el maestro".

Quiero expresar mi profundo agradecimiento a la excelente colaboración de mis buenos alumnos y amigos:

- Manolo López
- Arturo Navarro
- Mariano Frigola
- Miguel Fuentes

así como a mis hijos Pablo y Natalia con el deseo de que no abandonen la práctica y el estudio a pesar del cansancio o de las dificultades, como única forma de progresar en AIKIDO y en la vida.

José Santos Nalda

CAPÍTULO I

¿QUÉ ES EL AIKIDO?

"El Aikido es la no-resistencia. Porque quien no resiste, sale siempre victorioso..."

MORIHEI UESHIBA

Etimológicamente la palabra AIKIDO está compuesta por tres vocablos: AI-KI-DO, cuyo significado es el siguiente:

AI = Noción de encuentro, de distancia a unir entre dos entes, de armonía, unión, amor... Al principio entre ambos oponentes hay una oposición que es preciso eliminar.

KI = Es un concepto de difícil traducción. Es la energía vital que tiende hacia la armonía de los opuestos. La presencia de espíritu. La actitud.

DO = Camino, accesis, modo de hacer o de enseñar, manera, Vía, norma de conducta.

Por tanto, el sentido de la palabra AIKIDO es: la Vía para la coordinación y armonía de la energía física y mental.

El combate humano, el enfrentamiento físico de dos personas es tan antiguo como el mundo.

Durante la Edad Media en China y en Japón los jefes de clanes (Daymios), que tenían soldados a su servicio, los ejercitaban continuamente para la lucha dando origen a la casta de los SAMURAIS, hombres diestros en el manejo del sable, la lanza, el arco, el bastón y el combate cuerpo a cuerpo a manos desnudas, con un código moral de honor rigurosísimo cuya aceptación comprendía un absoluto desapego a su propia vida puesta incondicionalmente al servicio de su señor.

Por otra parte, la clase humilde, el pueblo, los desarrapados sometidos a continuos abusos y humillante opresión por sus gobernantes, tenían prohibido el uso de cualquier arma tradicional; así que para defenderse (lo que también les estaba vedado) se vieron en la necesidad de utilizar sus herramientas de trabajo o instrumentos agrícolas, ejercitándose en el manejo de los mismos contribuyendo de esta forma involuntaria al desarrollo de otras Artes Marciales menores de las que todavía hoy existen hábiles practicantes.

Lo mismo la clase guerrera (samurais, que las familias más humildes de cualquier aldea perdida, guardaban y transmitían en secreto estos sistemas de lucha de generación en generación, de padres a hijos, de esta manera nacieron las diferentes Escuelas (Ryu) y Artes guerreras, tales como:

EL TAKENOUCHI RYU = Antiguo Ju-Jutsu
EL TENJIN SHINYO RYU = Ju-Jutsu especial, (despúes Judo)
EL YAGYU RYU = Sable con golpes de Ju-Jutsu (Kendo)
EL HOZO IN RYU = Arte de la lanza (Nagi-Nata)
EL KYU SHIN RYU = Tai-Jutsu
EL KITO RYU = Arte de las proyecciones (Judo actual)
EL AIKI JUTSU = Actual Aikido
EL KEN JUTSU RYU = Arte de manejar el sable

El Aiki-Jutsu data de la época KAMAKURA (1286-1333) y se supone fue creado por Minamoto Yoshimitsu. Se transmitió en secreto de generación en generación hasta que... en 1883 (era o época de MEIJI) nace en Tanabe (Japón) Merihei Ueshiba, legítimo heredero de estos secretos depués de siete generaciones, y más tarde fundador del actual Aikido.

Desde su niñez fue instruido en el Ju-Jutsu, el Ken-Jutsu y otras artes como la lanza, el arco, etc. Ya adulto, y subyugado por la idea de aprender todo lo existente sobre cualquier Arte Marcial, recorrió todo el país con un sable de madera como único equipaje en busca de nuevas escuelas o maestros y permanecía a su lado hasta haber aprendido todo cuanto podían enseñarle; después seguía su camino siempre en busca de un nuevo estilo, un nuevo maestro, un nuevo método...

Figura 1

El maestro Ueshiba (1883-1969) practicó bajo la dirección de expertos maestros y escuelas como por ejemplo:

KITO RYU con Tozawa Tokusaburo
YAGYU RYU (Ju Jutsu) con Nakai Mazakatsu
DAITO RYU JU JUTSU con el maestro Handa y Sokaku Takeda
SHINKAGE RYU (Ken).
HOZOIN RYU (Lanza).
TAKENOUCHY RYU.
TENSHIN RYU (KEN-JO-TAI-JUTSU).

Pasados los años, después de incansables prácticas y profundas meditaciones sintetizó sus conocimientos dando forma al Aiki-Jutsu que había heredado de sus antepasados perfeccionando todas las técnicas gracias a su propia experiencia. En 1925 fundó su propia escuela donde en principio sólo enseñaba a la alta clase militar e imperial, pero años más tarde y con la idea de restablecer la moral entre la juventud de su país, dimite de su cargo en la Corte y el 9 de febrero de 1948, Ueshiba funda el AIKIKAI de Tokyo, y decide enseñar públicamente su Arte a todos los que deseen aprenderlo.

Hacia 1920 empieza a establecer su propio método bajo el nombre KOBU JITSU, más tarde AIKI BUJITSU...

Transforma el nombre Aiki-Jutsu en AIKIDO así como su significado y objetivo, que ya no busca eliminar al agresor por la vía más rápida y eficaz sin tener en cuenta el daño causado sino simplemente neutralizarlo y hacerlo inofensivo procurando causarle el menor daño posible, inculcando un sentimiento de no agresión y no resistencia, pero no de pasividad estéril.

Técnicamente el Aikido no es un método de lucha agresivo, aunque su eficacia es excelente para defenderse incluso contra varios atacantes sino que está basado en el principio de no-resistencia.

El espíritu del Aikido lleva implícita la idea de disuasión; es decir, ante un ataque busca neutralizar al adversario para "impedirle herir, sin herirle".

El Aikido contempla y trata de armonizar la acción de las dos grandes fuerzas universales complementarias: el Ying y el Yang.

Hemos visto cómo y por qué el Aikido forma parte de las Artes Marciales japonesas y el deseo del fundador al convertirle en un método de educación corporal y mental (DO) según el principio de la no-resistencia (física o moral) a la fuerza del atacante, por lo que todos sus movimientos están basados en el arte del Tai-Sabaki o esquiva circular. El Aikido concede mucha importancia a la respiración puesto que en ella reside el secreto de la utilización de la energía por parte del ser humano.

Figura 2

"Como 'ai' (armonía) es común con 'ai' (amor), he decidido dar el nombre de AIKIDO a mi único BUDO, a pesar que la palabra Aiki sea muy antigua..."
"El Aiki no es una técnica para combatir o vencer al enemigo, es el modo de reconciliar el mundo, y de reunir a todos los seres humanos en una familia..." M. UESHIBA.

(libro: AIKIDO de K. Ueshiba)

El Aikido constituye, por tanto, un sistema completo (DO) de formación integral del individuo en cuanto a:

Defensa personal
Deporte o actividad física
Conocimiento y perfeccionamiento de sí mismo.

Los ejercicios previos a la práctica de las técnicas propiamente dichas, en su conjuto psico-físico se desarrollan en un ambiente de calma que favorece la introspección, la identificación con la realidad, la armonía física y mental para obtener del "yo integral" una actuación coherente y unificadora.

EL AIKIDO COMO DEFENSA PERSONAL

Todas las prácticas o ejercicios parten de supuestos y variados ataques, ejecutados con la máxima realidad, ante los que es necesario reaccionar con rapidez y serenidad a un tiempo utilizando las técnicas aprendidas del Aikido que van desarrollando el sentido de la esquiva y la distancia. Al tiempo, la práctica seriamente realizada descubre nuestras auténticas posibilidades y limitaciones y evidencia lo peligroso que puede resultar la aplicación incontrolada o visceral de estas técnicas, por lo que poco a poco el sentido de la agresión física se va transformando en nuestra mente haciendo inaceptable el camino de la violencia como solución de cualquier rivalidad, al tiempo que también va desapareciendo el temor de ser agredidos por la seguridad que la práctica deposita en nuestro subconsciente, y el que no tiene miedo es más capaz de evitar la pelea y repeler la agresión sin entrar en su juego. La máxima más noble del Aikido es: "Impedir herir sin herir".

EL AIKIDO COMO DEPORTE

El Aikido constituye una excelente actividad física por cuanto su práctica se adapta a la edad, sexo, ritmo o facultades de cada individuo. Todas las clases se inician con una tabla de gimnasia para calentar, estirar y flexibilizar todos los grupos musculares, y se presta mucho interés a la respiración que inconscientemente va coordinándose con los movimientos del cuerpo.

No se realizan esfuerzos con cargas, no se retiene la respiración durante los esfuerzos no se compite contra nadie por lo que no se produce ninguna sobreexcitación nerviosa; en cambio, se mejora la velocidad de todos los movimientos del cuerpo y la agilidad en los desplazamientos, se hace un uso racional de la fuerza que sólo se utiliza debidamente coordinada con la respiración, y aumenta la resistencia física del organismo simplemente porque el ejercicio más pesado en Aikido consiste en caer e incorporarse continuamente en cada sesión.

Todas las articulaciones adquieren una gran flexibilidad y resistencia, la circulación sanguínea se activa, la capacidad pulmonar aumenta, y el sistema neuromuscular se hace más sensible y "obediente" a las órdenes procedentes del consciente o del subconsciente.

En Aikido no existe la competición, cada uno trabaja por mejorarse y vencerse a sí mismo, respetando al profesor, a sus compañeros, al entorno, etc... siendo amable, poniendo en práctica los principios de concesión y colaboración mutua, para después trasladar esos hábitos a su casa, su colegio, su trabajo, sus amigos, su familia...

"El Aikido no es la oposición de dos fuerzas materiales, en la que la mayor se impone a la menor, sino la perfecta asociación de dos estados de espíritu diametralmente opuestos, en el que uno de ellos de naturaleza benéfica vencerá iluminando al adversario..."

M. UESHIBA.

(del libro: MAESTRO UESHIBA. PRESENCIA Y MENSAJE de André Nocquet)

EL AIKIDO COMO CONOCIMIENTO Y PERFECCIONAMIENTO DE SÍ MISMO

El Aikido es un arte y una práctica excelente para poner en evidencia la verdadera dimensión de cada persona y contribuir al desarrollo de su personalidad.

El maestro Saotome que fue alumno directo del fundador recomienda que la práctica y el espíritu del Aikido alcance todos los momentos y circunstancias de la vida, y añade que limitarse a perfeccionar y dominar únicamente el aspecto técnico, no tiene ningún valor.

Figura 3

"El Aikido es la Vía que reúne todos los caminos del Universo desde el principio, es el Espíritu Universal que contiene y une a todos los seres..." M. UESHIBA.

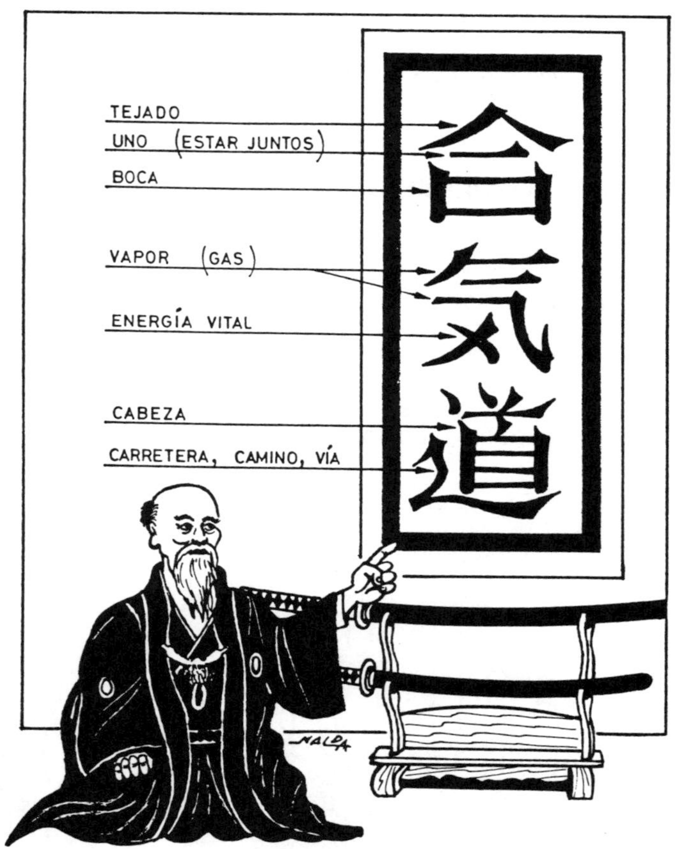

Figura 4

El Aikido en sus prácticas permite a nuestra personalidad definirse tal cual es su conjunto, y se convierte en un Arte de autodisciplina en el que las técnicas no son más que el medio para conocer nuestras limitaciones, mejorar nuestras facultades físicas y mentales y pulir nuestro "yo". Los responsables de la enseñanza y difusión del AIKIDO deben velar porque este espíritu se transmita de una generación a otra según el deseo de su fundador el maestro Ueshiba, no permitiendo que se convierta en un mero o exótico sistema de lucha física apto sólo para personas temerosas o acomplejadas cuyo único objetivo sea aprender a defenderse de un hipotético agresor o evadirse mística y estérilmente del mundo que les rodea.

Como final de capítulo transcribo para el lector algunas definiciones de famosos expertos y alumnos directos del Maestro Ueshiba.

"En el Aikido la razón es la fuerza. Sólo le pide a Vd. que cumpla su misión en la vida. No es necesario que piense en sobrepasar ni imponerse a nadie..." KOICHI TOHEI.

"El Aikido es el símbolo del movimiento universal. Busca inculcar a sus adeptos el amor y la belleza que existen en toda la vida humana y desea la paz permanente en el mundo...". MUTSURO NAKAZONO.

"EL Aikido es el camino de la reconcialiación".
KISSHOMARU UESHIBA.

CAPÍTULO II

EL EQUIPO

"No hay forma ni estilo en el Aikido. El movimiento de Aikido es el movimiento de la naturaleza, cuyo secreto es profundo e infinito..."

MORIHEI UESHIBA

El Aikido se practica con un KEIKOGI o chaqueta y pantalón de tela resistente de color blanco, y un cinturón que sirve para sujetar la chaqueta e indicar el grado o categoría del aikidoka.

Las solapas de la chaqueta se cruzan montando la izquierda sobre la derecha en los hombres, y a la inversa en las mujeres y se sujetan pasando el cinturón –OBI– dos vueltas por la cintura, o un fajín blanco de unos tres metros de largo por 7 centímetros de ancho.

Figura 5

Los grados o categorías en Aikido siguen una progresión similar a los de Judo o Karate, es decir, existen 6 niveles de Kyus (blanco, amarillo, naranja, verde, azul y marrón) y 10 categorías Dan.

Los cinturones de las mujeres llevan una línea o tira blanca en el centro que abarca toda la longitud de los mismos.

Existen varias formas de anudarse o atarse el cinturón. El alumno con el tiempo y la experiencia decide cual es la que le va mejor, procurando siempre evitar que los nudos queden en la espalda en contacto con las vertebras, para no lesionarse en las caídas.

Figura 6

LA HAKAMA

Es una falda pantalón de color negro, azul, blanco, etc. de formas muy amplias al objeto de permitir todo tipo de movimientos con unas cintas en los extremos de la parte superior delantera, y trasera notablemente largas, con el fin de atarla firmemente a la cintura.

Figura 7

En la parte delantera lleva cinco líneas o pliegues de arriba a abajo —tres hacia el costado izquierdo y dos hacia el derecho— que al parecer simbolizan los cinco elementos de la Naturaleza. En la parte trasera y en el centro lleva dos pliegues convergentes de abajo a arriba.

En la época feudal japonesa sólo podían vestir la hakama los nobles de la corte y los samurais de alto rango. Posteriormente, en el ámbito de las Artes Marciales, vestir la hakama significaba recibir la transmisión del espíritu del Maestro o del Arte y el compromiso serio de seguir el estudio de la Vía.

La hakama ha llegado hasta nosotros como una parte de la vestimenta que utilizan los aikidokas y los kendokas, aunque no con carácter exclusivo, pues también los maestros de otras disciplinas marciales la usan en la realización de algún kata, y en las exhibiciones o demostraciones célebres o solemnes.

Cuando el aikidoka alcanza el cinto azul (aproximadamente dos años de práctica) puede decidir equiparse con esta prenda tan característica, y aunque en la actualidad cada alumno suele ponérsela el primer día que empieza la práctica del Aikido si le apetece, es un signo de cortesía solicitar la opinión del profesor al respecto.

La hakama bien atada a la cintura ayuda al aikidoka a fijar una ligera tensión en el abdomen, y a mantenerse centrado en el seika tandem, con todas las ventajas que ello comporta, además de sujetar de manera mucho más segura todo el conjunto de la vestimenta. El hecho de que se suelten las cintas de la hakama durante el entrenamiento, indica que el practicante tiene poca experiencia y no es merecedor aún de vestirla.

Llevar la hakama comporta la obligación de saber plegarla correctamente después de cada clase, veamos cómo:

1. Se coge con la mano izquierda la parte delantera superior, y con la derecha la parte trasera superior.

2. Se alinean ambas partes y se dobla hacia el interior la parte rígida trapecial de la espalda (que ayuda a mantener la columna bien derecha).

3. Se deja en el suelo con la parte trasera hacia arriba y se centran y superponen los dos pliegues.

4. Se coge la hakama como se indica para darle la vuelta sin desplegar la parte trasera.

5. La parte delantera queda a la vista.

6. Se alinean los cinco pliegues empezando por el centro siguiendo ese orden.

7. Se dobla hacia el interior el costado izquierdo y después el derecho (8).

9. Se comienza a plegar de la parte inferior hacia la superior.
10. Se pliega sobre sí misma en tres partes o dobles iguales (10).
11. Se doblan las cintas de la parte delantera (las más largas) en tres pliegues y se cruzan en diagonal sobre la hakama.
12. Para plegar las cintas basta con seguir fielmente los dibujos.

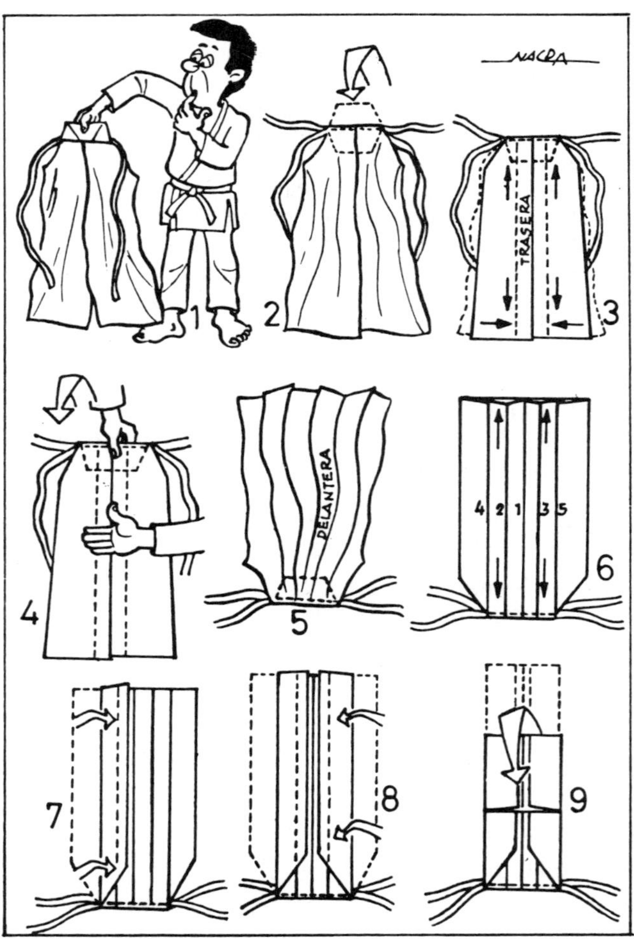

Figura 8

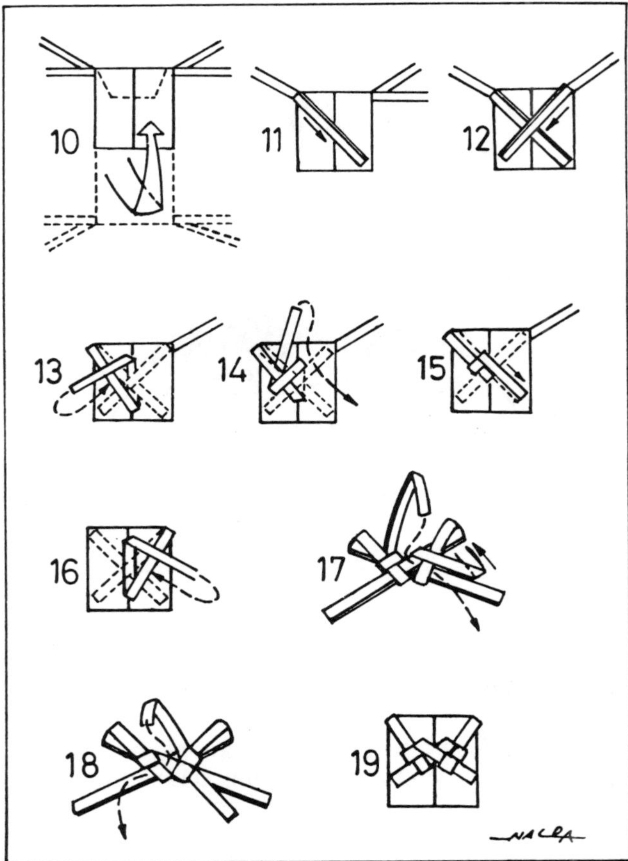

Figura 9

LAS ARMAS

Las técnicas de Aikido contemplan también los ataques con armas como por ejemplo:

- El cuchillo (Tanto)
- El sable (Boken)
- El palo o lanza (Jo)

por lo que el equipo se completa con la adquisición de las mismas, simuladas en madera, y cuya forma y dimensiones aproximadas son las que se aprecian en este dibujo.

Figura 10

LOS ZOORIS

También son necesarias –ante todo por higiene– unas zapatillas tipo playeras, para ir del vestuario al tatami, o del vestuario a la ducha, evitando siempre andar descalzos en el vestuario, pasillo, duchas, etc.

Al entrar en la sala –dojo– la etiqueta exige que se dejen bien alineadas y dispuestas para salir con cierta rapidez y comodidad, calzándolas sin ayuda de las manos y no entorpecer el paso de los que vienen detrás.

Se cuenta que los samurais al entrar en una casa o sala de reuniones, dejaban sus zooris bien alineados y dispuestos para calzarlos incluso si había que salir corriendo por un ataque sorpresa, o cualquier otra circunstancia de peligro, en cuyo momento no habría tiempo para entretenerse buscando cada uno sus zapatillas y menos calzárselas con las manos...

Encontrarse en la calle descalzo ante los demás, o habiendo perdido una zapatilla en la huida, era para los samurais una afrenta y una muestra de cobardía y falta de previsión o zanshin y, por tanto, un deshonor del que se avergonzaba largamente.

CAPÍTULO III

LA ETIQUETA EN EL BUDO, EL DOJO

"Las bellas palabras ganan honores, los bellos actos elevan al hombre..."

TAO TE KING

REI SHIKI

Es el conjunto de normas de cortesía y comportamiento (etiqueta y ceremonial) que es preciso observar en el Dojo, abarcando todos los aspectos de las relaciones entre profesor y alumnos, etc.

REI HO

Es la forma específica de saludar en cada circunstancia. El saludo es algo personal, va dirigido siempre a alguien en particular, y por tanto, es hacia esa persona o grupo de personas a las que es preciso dirigirse al realizarlo.

El saludo expresa respeto mutuo, cortesía y educación y se efectuará con sinceridad y convicción. Nunca ha de ser un gesto falso o vacío. Antes de proceder a saludar se vigilará que uno esté correctamente vestido (pantalón y hakama bien atados, chaqueta bien cruzada, cinturón bien atado, etc.) de modo que, durante el entrenamiento, cada vez que sea necesario saludar debemos tomar la precaución de arreglarnos la vestimenta.

El saludo se ejecuta con la máxima corrección y cierta lentitud como expresión del respeto que nos merece el otro, el profesor, el lugar donde estamos, el arma que vamos a utilizar, etc. y como señal de nuestra intención de actuar noblemente.

El saludo al terminar el entrenamiento o el combate expresa agradecimiento:

- Por parte del que ha perdido hacia el vencedor, por haberle descubierto su verdadera capacidad y errores que así podrá corregir y eliminar.
- Por parte del vencedor hacia el otro, por haberle ayudado a emplearse a fondo y poner en práctica sus conocimientos y habilidades contrastándolos con la realidad.

Al realizar el saludo –inclinando la cabeza– se evitará que la solapa de la chaqueta se separe del cuello dejando ver las cervicales o la nuca. En Japón es algo muy mal conceptuado y se identifica como la provocación erótica de una prostituta.

CHOKURITSU

Es la postura vertical del hombre o posición de pie, en la que el cuerpo está perfectamente vertical, los talones juntos, las puntas de los pies forman un ángulo de 60° los brazos estirados a lo largo del cuerpo un poco al costado y las manos abiertas tocando las piernas.

RITSUREI

Es el saludo desde la posición de pie a una distancia de unos tres metros del otro. Después de mirarse durante uno o dos segundos ambos inclinan el tronco y la cabeza aproximadamente 30° lentamente, las manos descienden a los costados, la mirada hacia el pecho o los pies del otro, pues mirar a la cara o a los ojos indica desconfianza (otros autores recomiendan mirar a los ojos).

Las mujeres saludan de la misma manera pero colocan sus manos en la parte anterior o delantera de los muslos por donde descienden al inclinarse.

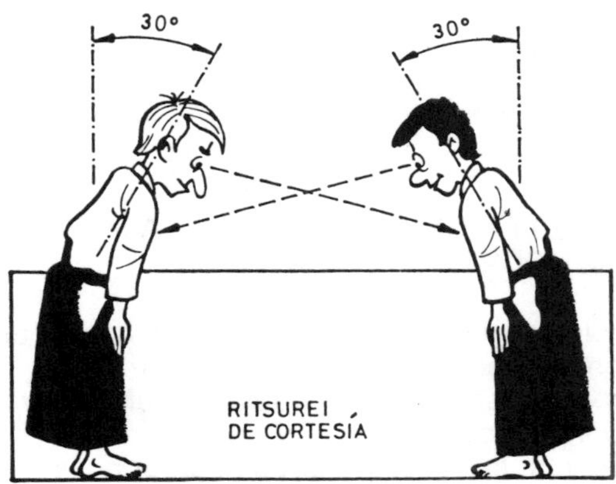

Figura 11

Figura 12

RITSUREI es el saludo normal, el más frecuentemente utilizado, antes de entrar o salir del tatami, antes y después de entrenar con un compañero, etc., y en esta posición existen dos formas de saludar:

Saludo de cortesía

- Inclinación del tronco entre 25° y 30°, durante dos o tres segundos.
- Manos sobre los muslos, ni delante ni a los costados.
- Mirar al pecho del otro. (Figura 11).

Saludo al oponente

- Inclinación del tronco entre 15° y 20°.
- Manos a los costados.
- Mirar a los ojos del oponente.
- El saludo es más rápido y breve. (Figura 12).

CÓMO PASAR DE LA POSICIÓN DE PIE A LA POSICIÓN SENTADA O DE RODILLAS

1. Atrasar medio paso el pie izquierdo y apoyar la rodilla izquierda en el tatami con los dedos del pie doblados.
2. Apoyar la rodilla derecha en el suelo a la altura de la izquierda con los dedos del pie doblados.
3. Los hombres mantienen las rodillas separadas una distancia igual a dos puños. Las mujeres juntan las rodillas.
4. Bajar las caderas para sentarse sobre los talones al tiempo que se estiran y apoyan los pies en el suelo sobre el empeine, cruzando los dedos gordos, el izquierdo sobre el derecho. No cruzar nunca los pies apoyando el empeine sobre la planta del otro.
5. El tronco y la cabeza se mantienen verticales, las manos descansan sobre los muslos con los dedos hacia el interior los hombres, y con los dedos hacia adelante las mujeres, y ambos mantienen los codos cerca de los costados.

CÓMO PASAR DE LA POSICIÓN DE SEIZA A LA POSICIÓN DE PIE O CHOKURITSU

1. Elevar las caderas y apoyar las plantas de los dedos de los pies en el suelo.
2. Levantar la pierna derecha apoyando el pie al costado de la rodilla izquierda (dedos a la altura de la rodilla).

3. Levantar la rodilla izquierda y apoyar el pie izquierdo al lado del derecho incorporándose con decisión y energía. (Figura 13).

Figura 13

ZAREI

Es el saludo realizado desde la posición de Seiza o de rodillas. Es el saludo de ceremonia y se le concede más importancia y consideración que al de pie.

Figura 14

Arrodillados uno frente a otro a una distancia de unos dos metros, apoyan las palmas de las manos en el suelo unos 30 cm por delante de las rodillas e inclinan o doblan el tronco y la cabeza hasta quedar la espalda paralela al suelo, sin levantar las caderas ni despegar los glúteos de los talones. (Figura 14).

FORMA DE APOYAR LAS MANOS EN EL SUELO PARA EL SALUDO ZAREI

Al inclinarse en Zarei espirar durante tres o cuatro segundos (dar) al levantarse lentamente inspirar durante uno o dos segundos, lo que significa "aceptar".

Si hay un altar en el Dojo los hombres apoyan las manos en el tatami juntando los índices y pulgares para formar un triángulo entre ambas manos. Las mujeres saludan siempre con las manos paralelas apoyando el pulgar izquierdo sobre el derecho.

El hecho de apoyar las dos manos en el suelo, juntas y al mismo tiempo, significa "confianza" (los ojos miran al suelo). Apoyar primero

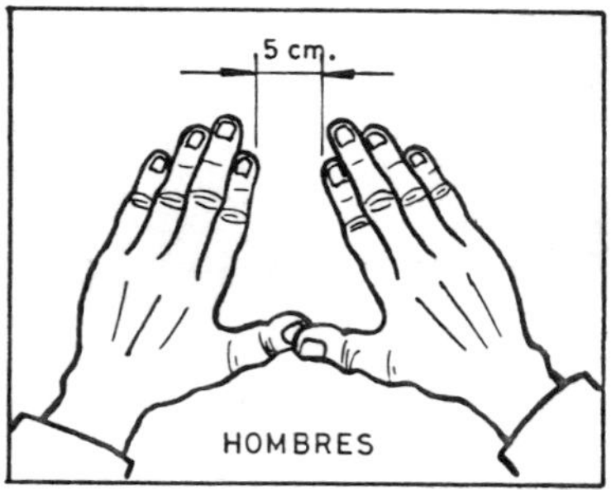

Figura 15

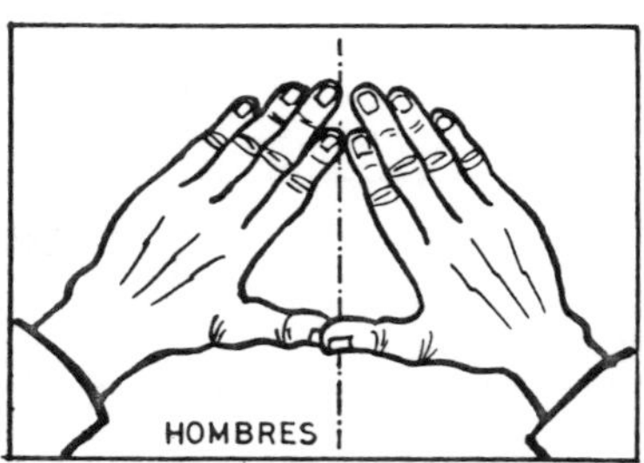

Figura 16

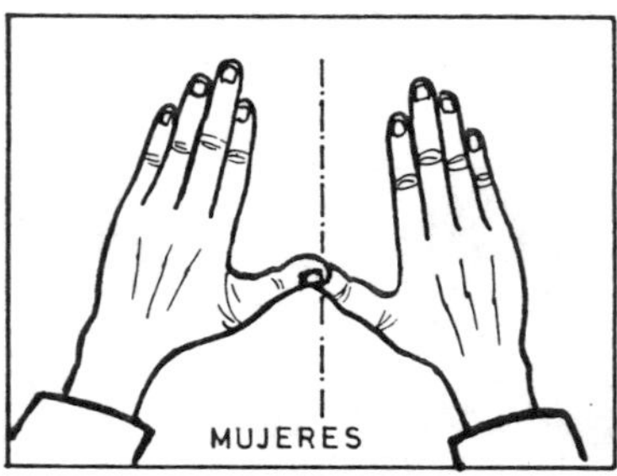

Figura 17

la izquierda y después la derecha como lo hacían los samurais –reservándose la posibilidad de desenvainar hasta el último instante– significa que se está alerta y por tanto "desconfianza". (Figura 18).

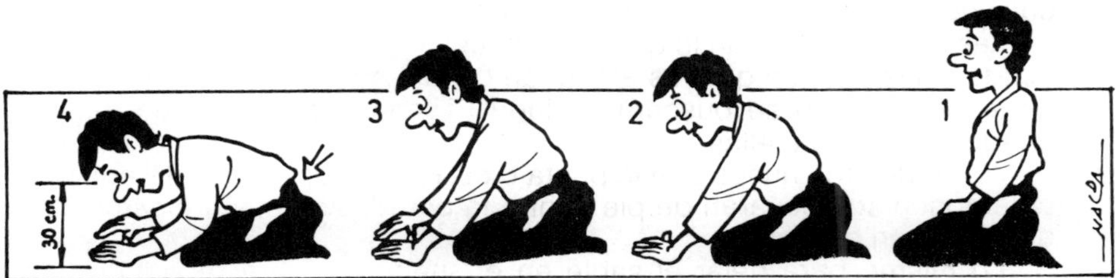

Figura 18

Desde la posición de SEIZA, el saludo ZAREI puede realizarse también de varias formas:
1ª. Del alumno al Profesor o Maestro.
Inclinación del tronco y cabeza sin levantar los glúteos.
Ambas manos se apoyan en el suelo al mismo tiempo.
La mirada al pecho de la otra persona, o a sus rodillas.
2ª. Del Maestro o Examinador al alumno.
El alumno saluda en la forma explicada anteriormente.
El profesor puede hacerlo apoyando su puño derecho en el suelo, un poco por delante y a la derecha de su rodilla.
Inclina ligeramente la cabeza y el tronco. (Figura 19).

Figura 19

3ª. Saludo al oponente.
Ambos se inclinan al mismo tiempo, de forma menos acentuada.
Mirar a los ojos del oponente.
El saludo es más breve y rápido.

EL SALUDO Y LAS ARMAS

La etiqueta o ceremonial es también estricta y minuciosa en cuanto a las armas se refiere, (katana, bokken, jo, tambo, etc.) pues son consideradas como parte de uno mismo.

Las normas enseñan lo que debe hacerse y lo que es preciso evitar desde el instante en que las empuñamos; así por ejemplo, al dejar las armas en el Dojo se buscará un lugar discreto, evitando que nadie pueda pasar sobre ellas.

No se dejarán nunca con la punta o el filo dirigidos hacia el Kamiza, ni tampoco se apoyarán de pie contra la pared, sino cuidadosamente alineadas en el suelo.

Lo mismo para dejar el sable en el suelo que para recogerlo se evitará doblar el cuerpo por la cintura, procurando flexionar las piernas conservando el tronco derecho.

FORMA DE SALUDAR CON LAS ARMAS

Forma de llevar el sable o el bokken y de saludar al entrar o salir del tatami (Dojo) (Figura 20).

Forma de saludar al sable, bokken o jo, al cogerlo y dejarlo en el armero. (Figura 21).

Forma de saludar a la Presidencia, al profesor o al compañero, antes y después del entrenamiento. (Figura 22).

Figura 20   Figura 21   Figura 22

Figura 23

Figura 24

EL SALUDO TRADICIONAL ANTES DE COMENZAR Y AL TERMINAR LA CLASE

Entre los alumnos la antigüedad es un grado pero también un honor y una obligación. El SEMPAI es el alumno veterano que tiene el honor de ayudar o asistir al SENSEI y de enseñar a comportarse al KOHAI o alumno novato, el cual por su parte contrae una deuda de agradecimiento, servicio y respeto hacia aquél.

En algunos dojos tradicionales (Karate, Aikido, Kendo, etc.) antes de comenzar la clase y al término de la misma, se observa un ceremonial muy estricto, dirigido por el alumno de más alto grado (SEMPAI) situado a la izquierda del profesor y encabezando la fila de alumnos alineados en seiza, de mayor a menor grado, que en voz alta indica las acciones a realizar.

Normalmente las indicaciones siguen este orden:

¡SEIZA! – Adoptar la postura de rodillas tanto el profesor como los alumnos.

¡MOKUSO! – Un período de tiempo de unos dos minutos de meditación, con objeto de recuperar la calma interior, olvidarse de todos los problemas, concentrarse en el hara, la respiración correcta, etc.

¡SHOMEN NI REI! – Saludo al fundador de la disciplina.

¡SENSEI NI REI! – Saludo entre profesor y alumnos.

¡OTAGAI NI REI! – Saludo entre alumnos.

¡KIRITSU! – Adoptar la posición de pie para empezar.

Algunos maestros de Aikido (japoneses) empiezan y terminan la clase según el rito shinto consitente en dar cuatro palmadas con las manos en posición seiza frente al Kamiza.

Figura 25

EL DOJO

DO = Camino, manera, Vía. JO = Lugar, sala, centro. Etimológicamente Dojo significa: "Lugar donde se practica la Vía". (Camino de perfección).

Antiguamente los monjes budistas daban este nombre al lugar o sala del monasterio donde los discípulos se reunían con el maestro para la meditación, los rezos, las ceremonias, etc. y era considerado un recinto sagrado digno del mayor respeto.

Dada la influencia del Zen y de la filosofía budista en las Artes Marciales, éstas adoptaron el nombre de Dojo –alrededor del siglo XV–para designar la sala de prácticas donde se estudia un arte marcial. A ella acudían los samurais no sólo para mejorar su técnica sino para forjar su carácter, meditar, y alcanzar un mayor conocimiento de sí mismos. En aquella época muchos dojos se instalaban en templos budistas, incluso el Maestro Kano empezó a enseñar Judo en un dojo de un templo budista de Tokyo.

En nuestros días el Dojo ha de seguir siendo el lugar a donde acudimos para educar y mejorar nuestro carácter y personalidad, forjar el espíritu, así como las condiciones físicas del cuerpo aprendiendo un Arte Marcial. Es el lugar al que se acude dos o tres veces por semana para enfrentarnos con nosotros mismos, (miedos, inhibiciones, bloqueos sicosomáticos, etc.) y probar nuestro grado de progreso.

El Dojo en el Japón lo mismo que en nuestros gimnasios, normalmente es una sala rectangular cuyo suelo está recubierto de tatamis, y cada uno de los lados o muros que la limitan tiene un nombre, un cometido, y un grado de honor o importancia. La decoración de esta sala debe ser sobria, sencilla, digna y agradable, en la que ante todo debe resaltar la limpieza y el orden.

El lado principal es el Kamiza (lugar reservado a los Kami) donde se encuentra el estrado –en los monasterios el altar sinto o Butsuden–con objetos simbólicos como por ejemplo: ofrendas, adornos, fotos, un Gaku o caligrafía con un Kanji que expresa un ideal, etc. Este es lugar reservado a los maestros, visitantes de honor, o al profesor, y desde donde normalmente se presencia el desarrollo de los Katas, exámenes, exhibiciones, etc. Los budokas deben procurar en el transcurso de estas manifestaciones no dar nunca la espalda al Kamiza.

Frente al Kamiza –en el lado opuesto– se halla el Shimoza o lado de categoría inferior, reservado a los discípulos o alumnos desde donde éstos saludan al profesor.

A la izquierda del Kamiza se encuentra el Shimoseki o lado de los alumnos de menor categoría, y a la derecha el Joseki o lado de los alumnos de mayor grado, quedando así establecido que los alumnos para saludar antes y después de la clase se colocarán por orden de grados de mayor a menor desde el Joseki hasta el Shimoseki.

En el caso de que el Kamiza fuera objeto de alguna ceremonia especial, el profesor se situará en el lado denominado Joseki y los alumnos frente a él en el Shimoseki.

Figura 26

Durante los Katas de Judo, Tori entra en el Dojo (o tatami) por el lado Shimoseki y Uke por el lado Joseki, ambos saludarán hacia el Kamiza, y conservarán siempre esta posición inicial (Tori dando su lado izquierdo al Kamiza).

El Dojo es un lugar consagrado al propio perfeccionamiento físico y moral, por lo que el comportamiento de profesor y alumnos debe ser digno, respetuoso y correcto consigo mismo y con los demás; los objetos, armas, etc. observando todas las reglas de etiqueta lo que derivará en una autodisciplina que va a influir positivamente sobre la personalidad y el carácter.

El maestro o profesor no ha de olvidar que depende de él crear un clima agradable, serio, distendido y respetuoso con las tradiciones y la cortesía propia de las Artes Marciales, el comportamiento de los alumnos e incluso su progreso, dependen del respeto que el profesor demuestre por el Dojo.

El ambiente del Dojo debe respirar sencillez, silencio, paz, para que induzca a la calma, el respeto, la amistad, la alegría, etc... y predisponga a la unificación cuerpo-mente, al estudio, al trabajo serio, al sacrificio, y al mejoramiento de todas las cualidades humanas.

El silencio es la condición fundamental para concentrarse, aprender y realizar correctamente las técnicas. Se ha de practicar sin hablar, sin comentarios, pidiendo explicaciones sólo cuando sea imprescindible. Los gestos o movimientos equivocados también pueden ser rectificados en silencio.

Al entrar en el Dojo procuraremos dejar –aunque sólo sea por una hora– en la puerta, nuestro ego, defectos, preocupaciones, etc. disponiéndonos a ser receptivos y humildes, condiciones indispensables para aprender y mejorar.

LA ETIQUETA EN EL DOJO Y DURANTE EL ENTRENAMIENTO

1° El aikidoka ha de ser muy escrupuloso en cuanto a la limpieza e higiene de su cuerpo y equipo se refiere. Las uñas de las manos y los pies muy cortas, se despojará de anillos, pulseras, medallas, etc. y cualquier objeto que pueda herir al compañero o a sí mismo. Evitará masticar chicle en el tatami.

2° Al entrar o salir del tatami debe saludar (Ritsurei) en dirección al Kamiza, o hacia el lado donde se halle el lugar de honor (foto del fundador).

3° La tradición invita a los alumnos a que entren en el tatami antes que el profesor y lo esperen en postura Seiza, alineados de izquierda a derecha por orden de grados.

4° Durante el tiempo de espera –hasta que llega el maestro o profesor– los alumnos permanecerán en silencio, tratando de establecer la calma dentro de sí mismos.

5° La clase de Aikido comienza y termina con un saludo mutuo (Zarei).

6° Al entrar al tatami tanto el profesor como los alumnos se descalzarán de espaldas al mismo para dejar las zapatillas bien alineadas y dispuestas para salir corriendo si fuera preciso.

7° Cuando un alumno llega tarde esperará al borde del tatami hasta que el profesor le autorice a entrar, o en el caso de que éste no se de cuenta podrá entrar saludando previamente en Zarei hacia el Kamiza.

8° Mientras se está en clase, ya sea para esperar a un compañero, recibir las explicaciones, o descansar, se debe permanecer en Seiza, sin hablar ni hacer "monerías" o "gracias". Y sobre todo no apoyar nunca la espalda contra la pared, ni estar mirando de pie porque no se tiene compañero.

9° Cuando el maestro termina su explicación los alumnos le saludan en Zarei, después se incorporan, buscan un compañero y antes de comenzar a entrenar ambos se saludan en Ritsurei, y lo mismo al acabar.

10° Para presenciar las demostraciones o recibir las explicaciones, los alumnos permacecen alineados en Seiza.

11° Si el alumno desea que el profesor le haga alguna aclaración o corrección, irá a buscarle —evitando llamarle de lejos por señas o gritos— le saludará en Ritsurei y le expondrá sus dudas.

12° Mientras el profesor explica, o aclara las dudas a un alumno en particular durante el desarrollo de la clase, éste atenderá con una rodilla en tierra o en Seiza, saludándole en Zarei o Ritsurei al terminar la explicación.

13° Si el alumno precisa abandonar el tatami antes de terminar la clase, advertirá de ello al maestro saludándole en Ritsurei, y en Zarei al Kamiza al salir del tatami.

14° Es conveniente guardar silencio durante la práctica y evitar "discutir" sobre las técnicas, así como corregir continuamente al compañero, o practicar otra cosa distinta a la que ha indicado el maestro.

15° A la hora de buscar un compañero para practicar no se discriminará a nadie, cambiando en cada técnica de pareja, pero sin dar la sensación de estar eligiendo caprichosamente. Lo correcto es invitar al que está más próximo.

CAPÍTULO IV

LOS GRADOS

"En el Aikido la razón es la fuerza. Sólo pide al aikidoka que cumpla su misión en la vida. No es necesario que piense en sobrepasar e imponerse a otros..."

KOICHI TOHEI

El centro mundial del Aikido, fundado por el Maestro Ueshiba el 30 de abril de 1940 con el nombre de KOBUKAI, se encuentra en Tokyo (Japón) y desde el 9 de febrero de 1948 es conocido como AIKIKAI SO HOMBU.

Con el tiempo, los expertos salidos de este centro, han difundido el Aikido por todo el mundo creándose como necesidad inmediata la Federación Internacional de Aikido en la que se encuentran afiliadas la casi totalidad de naciones de los cinco continentes.

Todo ello ha obligado a establecer un método standard de enseñanza y progresión, y unas normas comunes para todos los aikidokas, cualquiera que sea su nacionalidad, para hacerse acreedores a los grados KYU y DAN.

El maestro Ueshiba no era partidario de la codificación o catalogación de las técnicas por grupos, grados o similitudes. Según nos han transmitido algunos expertos alumnos suyos decía: "... Aquí la enseñanza es global, yo enseño lo que deseo en cada lección, es la libertad total de enseñanza, es la creación...", "... el método facilita el aprendizaje pero ata y perturba la espontaneidad, la imaginación y la libertad de expresión individual...".

Actualmente los grados KYU (del 6° al 1°) son otorgados por el profesor –debidamente acreditado por un organismo– de cada club. Los grados DAN son concedidos por un tribunal de cinturones negros de categoría superior, o por la Comisión Regional o Nacional de Grados.

En Aikido existen 6 grados KYU, distinguiéndose cada uno por un color más oscuro que el precedente: Blanco, Amarillo, Naranja, Verde, Azul y Marrón, y 10 grados DAN –Cinturón Negro– de 2° a 10°.

Es frecuente que los alumnos lleven el cinto blanco (bajo la hakama) incluso hasta alcanzar el cinto negro. Así mismo muchos aikidokas de grado DAN e incluso profesores sustituyen el cinto negro por un fajín blanco para atarse la chaqueta. Según la tradición, el Fundador de un Budo, así como su hijo o su nieto no tienen grado, ni están sujetos a la progresión de los mismos.

El valor del aikidoka como tal, no se establece por el simple conocimiento técnico del contenido del programa indicado para cada categoría, sino como exige la tradición del verdadero Budo, a través de una evaluación integral del hombre expresada por:

   SHIN (Los valores del espíritu, de la personalidad y del comportamiento).

   GI (El conocimiento completo y la realización impecable de las técnicas).

   TAI (La buena forma física del cuerpo y de sus condiciones).

La progresión de un cinturón al inmediato superior, requiere un tiempo de práctica real, (aprendizaje de nuevas técnicas y perfeccionamiento de las ya conocidas) que se traduce ineludiblemente en la asistencia continuada –dos o tres veces por semana– al entrenamiento del club, durante los meses establecidos para cada grado.

PROGRAMA DE ENSEÑANZA Y PROGRESIÓN DE GRADOS

Con ligeras variantes, las técnicas citadas a continuación, pueden considerarse como las adoptadas por casi todos los paises en sus respectivos programas.

6° KYU *(2 meses de práctica. 20 horas de entrenamiento)*
CINTURÓN BLANCO.

REI HO
KAMAE (Ai hanmi, Gyaku hanmi)
JU NO KEIKO
AIKITAISO
UKEMIS
TAI SABAKI

Figura 27

TACHIWAZA (Figura 27)

AIHAMMI KATATEDORI IRIMINAGE
AIHAMMI KATATEDORI KOTEGAESHI
AIHAMMI KATATEDORI IKKYO (OMOTE-URA)
AIHAMMI KATATEDORI SHIHONAGE (OMOTE-URA)
AIHAMMI KATATEDORI UCHIKAITEN NAGE
AIHAMMI KATATEDORI SANKYO
SHOMENUCHI IRIMINAGE

5° KYU *(2 meses de práctica. 20 horas de entrenamiento)*
          CINTURÓN AMARILLO.

SHINTAI HO
MA AI
KOKYU HO
SHIKKO
JU NO KEIKO

Figura 28

TACHIWAZA (Figura 28)

SHOMENUCHI IKKYO (OMOTE-URA)
SHOMENUCHI NIKYO (OMOTE-URA)
SHOMENUCHI KOTEGAESHI
CHUDANTSUKI IRIMINAGE
CHUDANTSUKI KOTEGAESHI
KATATEDORI SHIHONAGE (OMOTE-URA)
KATATEDORI TENCHINAGE
KATATEDORI IKKYO (OMOTE-URA)
KATATEDORI UDEKIMENAGE (IRIMI-TENKAN)
KATATEDORI KOKYUNAGE

SUWARIWAZA

SHOMENUCHI IKKYO (OMOTE-URA)
KATADORI IKKYO (OMOTE-URA)

4° KYU *(3 meses de práctica. 60 horas de entrenamiento)*
CINTURÓN NARANJA.

KOKYU RYOKU YOSEI HO (KOKYU DOSA)
UKEMIS ESPECIALES
JU NO KEIKO

Figura 29

TACHIWAZA (Figura 29)

SHOMENUCHI SANKYO (OMOTE-URA)
SHOMENUCHI UCHIKAITEN SANKYO
YOKOMENUCHI SHIHONAGE (OMOTE-URA)
YOKOMENUCHI IRIMINAGE
YOKOMENUCHI TENCHINAGE
YOKOMENUCHI KOTEGAESHI
YOKOMENUCHI UDEKIMENAGE
CHUDANTSUKI UDEKIMENAGE
JODANTSUKI IKKYO (OMOTE-URA)
RYOTEDORI SHIHONAGE (OMOTE-URA)
RYOTEDORI TENCHINAGE
RYOTEDORI UDEKIMENAGE
RYOTEDORI IKKYO (OMOTE-URA)
KATATEDORI NIKYO (OMOTE-URA)
KATATERYOTEDORI KOTEGAESHI

SUWARIWAZA

SHOMENUCHI NIKYO (OMOTE-URA)
KATADORI NIKYO (OMOTE-URA)
RYOTEDORY KOKYUHO

3° KYU *(5 meses de práctica. 75 horas de entrenamiento)*
        CINTURÓN VERDE.

TE SABAKI
KOKYU HO
GO NO KEIKO

TACHIWAZA (Figura 30)

SHOMENUCHI YONKYO (OMOTE-URA)
SHOMENUCHI GOKYO
YOKOMENUCHI IKKYO (OMOTE-URA)
YOKOMENUCHI UCHIKAITEN SANKYO
CHUDANTSUKI SOTOKAITENNAGE
CHUDANTSUKI UCHIKAITEN SANKYO
JODANTSUKI SHIHONAGE
JODANTSUKI KOTEGAESHI
KATATEDORI UCHIKAITENNAGE
KATATEDORI SANKYO (OMOTE-URA)
KATATEDORI YONKYO (OMOTE-URA)

Figura 30

KATATERYOTEDORI IKKYO (OMOTE-URA)
KATATERYOTEDORI NIKYO
KATATERYOTEDORI KOTEGAESHI
RYOTEDORI IRIMINAGE
RYOTEDORI KOTEGAESHI
RYOTEDORI KOKYUNAGE

USHIROWAZA

RYOTEDORI IKKYO (OMOTE-URA)
RYOTEDORI KOTEGAESHI
RYOTEDORI SHIHONAGE
RYOTEDORI IRIMINAGE

SUWARIWAZA

SHOMENUCHI IRIMINAGE
SHOMENUCHI KOTEGAESHI
SHOMENUCHI SANKYO (OMOTE-URA)
KATADORI NIKYO (OMOTE-URA)
KATADORI SANKYO (OMOTE-URA)

2° KYU *(7 meses de práctica. 90 horas de entrenamiento)*
CINTURÓN AZUL.

SHISEI
UKEMIS ESPECIALES
GO NO KEIKO

Figura 31

TACHIWAZA (Figura 31)

YOKOMENUCHI NIKYO (OMOTE-URA)
YOKOMENUCHI SANKYO (OMOTE-URA)
YOKOMENUCHI YONKYO (OMOTE-URA)
YOKOMENUCHI GOKYO
YOKOMENUCHI KOSHINAGE
MUNEDORI IKKYO (OMOTE-URA)
MUNEDORI SHIHONAGE
MUNEDORI UCHIKAITEN SANKYO
KATADORI MENUCHI SHIHONAGE

KATADORI MENUCHI KOTEGAESHI
KATADORI MENUCHI IRIMINAGE
KATADORI MENUCHI KOSHINAGE
KATADORI MENUCHI IKKYO (OMOTE-URA)
JODANTSUKI NIKYO (OMOTE-URA)
JODANTSUKI SANKYO (OMOTE-URA)
MAEGERI IRIMINAGE

USHIROWAZA

ERIDORI IKKYO
RYOKATADORI IKKYO
RYOKATADORI NIKYO
RYOKATADORI SANKYO
RYOKATADORI IRIMINAGE
RYOKATADORI KOTEGAESHI
RYOHIJIDORI KOTEGAESHI
RYOHIJIDORI IRIMINAGE
KATATEDORI KUBISHIME IKKYO

SUWARIWAZA

SHOMENUCHI YONKYO (OMOTE-URA)
SHOMENUCHI SOTOKAITENNAGE
RYOKATADORI IKKYO
CHUDANTSUKI KOTEGAESHI
JODANTSUKI IKKYO (OMOTE-URA)

1° KYU *(10 meses de práctica. 120 horas de entrenamiento)*
CINTURÓN MARRÓN.

KIAWASE
REI SHIKI
GO NO KEIKO
GO NO SEN

TACHIWAZA (Figura 32)

YOKOMENUCHI JIYUWAZA
CHUDANTSUKI JIYUWAZA
MAEGERI JIYUWAZA
MUNEDORI MENUCHI IKKYO (OMOTE-URA)
MUNEDORI MENUCHI NIKYO (OMOTE-URA)
MUNEDORI MENUCHI SANKYO (OMOTE-URA)

MUNEDORI MENUCHI KOSHINAGE
JODANTSUKI YONKYO (OMOTE-URA)
JODANTSUKI KOSHINAGE
JODANTSUKI IRIMINAGE
JODANTSUKI SHIHONAGE
JODANTSUKI SOTOKAITENNAGE
JODANTSUKI USHIROKIRIOTOSHI

Figura 32

USHIROWAZA

RYOTEDORI YONKYO (OMOTE-URA)
RYOTEDORI KOKYUNAGE
RYOTEDORI KOSHINAGE
KATATEDORI KUBISHIME SANKYO
KATATEDORI KUBISHIME NIKYO
ERIDORI NIKYO (OMOTE-URA)
ERIDORI SANKYO (OMOTE-URA)
ERIDORI IRIMINAGE

HANMIHANTACHIWAZA

KATATEDORI SHIHONAGE
KATATEDORI UCHIKAITENNAGE
KATATEDORI IKKYO (OMOTE-URA)
RYOTEDORI SHIHONAGE

SUWARIWAZA

SHOMENUCHI JIYUWAZA
RYOKATADORI SANKYO (OMOTE-URA)
RYOKATADORI YONKYO (OMOTE-URA)
KATADORI MENUCHI IRIMINAGE
KATADORI MENUCHI KOTEGAESHI
KATADORI MENUCHI KOKYUNAGE

LOS GRADOS DAN

Una vez alcanzado el cinturón negro, es preciso trabajar y estudiar otros aspectos del Arte, no limitándose a la simple práctica repetitiva de las técnicas.

Es el momento de adentrarse en el descubrimiento de la estrategia, de la perfecta adaptabilidad a las acciones y reacciones del otro, de ser consciente de las técnicas que le van bien al aikidoka y cuales no, de conocer bien el mejor momento de aplicarlas y sobre qué adversarios son posibles o no, cultivar el sentido de la distancia, el ritmo de la acción, la velocidad más conveniente, el momento ideal, etc. como dice el maestro Saotome: "... el objetivo último del entrenamiento es llegar a saber adoptar la actitud justa en el momento preciso...".

La progresión de los grados Dan debe comprender:
- La depuración del estilo, eliminando todos los fallos, errores o defectos.
- El perfeccionamiento de la técnica bajo todos los aspectos posibles.
- Adquisición de la velocidad y el ritmo óptimo en cada acción.
- Práctica frecuente del trabajo libre contra varios adversarios.
- Estudio de las variantes posibles de cada técnica.
- Estudio de la creación de la oportunidad.
- Combinaciones y encadenamientos posibles de todas las técnicas.
- Estudio de las contrapresas.
- Adquisición y dominio del Ki y del Kokyu.
- Conocimiento de preparación física, relajación y mantenimiento de una buena condición física.

En cuanto a la búsqueda interior:
- Destinar algún tiempo a la reflexión o meditación para llegar al conocimiento propio.

– Ejercicio del autodominio y autocontrol.
– Conocimiento de los principios y filosofía del DO.
– El respeto de la etiqueta, y los principios éticos de la Vía.
   ¿Qué grado de eficacia real, de maestría, o de formación adquirida corresponde a cada DAN?

CINTO NEGRO. 1° DAN. (1 año de 1° Kyu. 200 horas de entrenamiento). SHODAN

KIAWASE
TAI NO SEN
KAKARI GEIKO
KUATSU

Figura 33

TANTO DORI (Técnicas contra cuchillo)

– Kotegaeshi
– Ikkyo
– Hijikimeosae
– Gokyo
– Shihonage
– Sankyo

– Domina las bases
– Conoce las técnicas fundamentales.
– Comienza a saber utilizar su energía racionalmente.

- Sabe controlar su estado de tensión, pero no ha alcanzado el dominio total.
- Aún tiene tendencia a suplir con la fuerza su falta de técnica.
- El aspecto esotérico identifica este grado con la solidez de la tierra.

CINTO NEGRO. 2° DAN. *(2 años de 1º Dan y cursos de reciclaje).* NIDAN

SHISEI
TAI NO SEN
RYU NO KEIKO
RANDORI CONTRA DOS ADVERSARIOS.

JO DORI

- Chudantsuki / Control del bastón en el suelo con el pie.
- Chudantsuki / Kokyunage en oblícuo.
- Chudantsuki / Shihonage.
- Chudantsuki / Tenchinage.

Figura 34

FUTARIDORI

- Doble Katateryotedori / Jujigarami.
- Katateryotedori + Ushirokatatedori.
- Kubishime / Jujigarami.
- Doble Katateryotedory / Shihonage.
- Doble Katateryotedori / Kokyunage.

- Se aprecia un elemental sentido del ritmo en sus acciones.
- Sentido y conservación del equilibrio.
- Mayor coordinación y velocidad en sus técnicas, desplazamientos y esquivas.
- Comienza a conocer y utilizar la estrategia.
- Dominio aceptable del ritmo respiratorio.
- El aspecto esotérico lo identifica con el agua (Figura 34).

CINTO NEGRO. 3° DAN. (3 años de 2º Dan y cursos de reciclaje). SANDAN

SEN NO SEN
RYU NO KEIKO
RANDORI CONTRA 3 ADVERSARIOS.
TACHI DORI
Shomen uchi – Kokyu Nage.
Shomen uchi – Irimi Nage.
Shomen uchi – Kote Gaeshi.
Shomen uchi – Sankyo.

KUMI-JO

- Shomenuchi / Bloqueo y Shomenuchi.
- Shomenuchi / Bloqueo y Chudantsuki.

KUMITACHI

- *Shomenuchi / Shomenuchi desviando el sable al subir.*
- *Tsuki / Esquiva en Ura e Hijikimeosae.*
- *Shomenuchi / Shomenkote.*
- *Shomenuchi / Kokyunage.*

IAIDO

- Shotatto: Ataque de frente.
- Uto: Ataque de derecha.
- Sato: Ataque de izquierda.
- Atarito: Ataque desde la espalda.

Figura 35

- Muestra un grado notable de eficacia en sus acciones.
- Empleo racional de su energía. Sentido de la economía del esfuerzo (ley del mínimo esfuerzo para un mayor rendimiento).
- Buena coordinación, ritmo y velocidad.
- No aborta, precipita ni desaprovecha el momento o la oportunidad de actuar.
- Es capaz de actuar con fluidez y de combinar técnicas adaptándose a las reacciones del otro.
- Buen nivel de autocontrol en sus acciones (mente-cuerpo).
- El aspecto esotérico lo identifica con el fuego.

CINTO NEGRO. 4° DAN. (4 años de 3º Dan y cursos de reciclaje). YONDAN

VARIANTES DE LAS TÉCNICAS. (HENKA WAZA).
RENRAKU WAZA (COMBINACIONES).
AIKI KEN (Ataque y respuesta con boken).
AIKI JO (Ataque y respuesta con Jo).

- Posee un gran dominio del sentido de la distancia, el momento, el ritmo y el tono muscular adecuado a cada situación.
- Sabe aprovechar óptimamente la fuerza y las acciones del otro.
- Sentido de la adaptabilidad ante lo inesperado o lo imprevisto.
- Gran eficacia y seguridad en sus acciones.
- El aspecto esotérico lo identifica con el fuego.

CINTO NEGRO. 5° DAN. (5 años de 4º Dan y cursos de reciclaje). GODAN

RENZOKU WAZA. (ENCADENAMIENTOS).
KAESHI WAZA. (CONTRAPESAS).
AIKIKEN
AIKI JO
IAIDO
AIKIDO Y AUTODEFENSA. PUNTOS VITALES ATEMIS.
RELACIÓN CUERPO MENTE.
HISTORIA Y PROMOCIÓN DEL AIKIDO.

- El aspecto esotérico lo identifica con el aire.

Este grado y los siguientes solamente son concedidos cuando se ha alcanzado la maestría en el nivel técnico, y los aspectos éticos y humanos del aikidoka lo hacen merecedor de ello.

Los grados se establecieron para sancionar el nivel de progreso personal alcanzado mediante el estudio y la práctica de los principios y las técnicas.

Un grado Dan no debe concederse jamás a quien no lo merece. El practicante no ha de correr ni precipitar sus exámenes para obtener un grado superior, pero tampoco debe menospreciarlo, pensando que está por encima de todo sistema de evaluación, porque correrá el riesgo de estancarse o retroceder en su progreso.

SHITE Y AITE

"No busco convencer del error a mi adversario, sino unirme a él en una verdad más alta"

LACORDAIRE

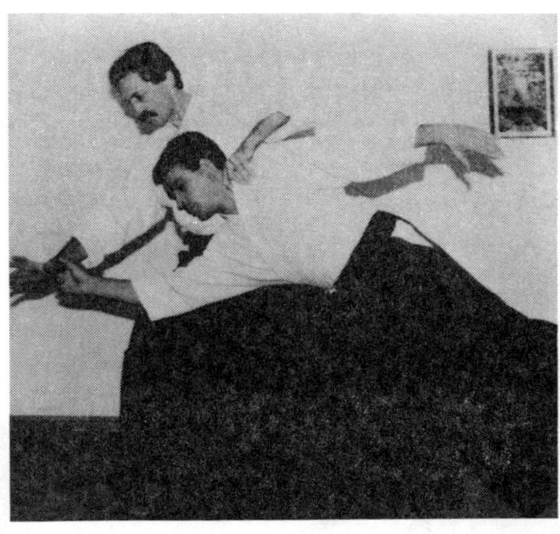

En todos los métodos de enseñanza de las Artes Marciales, para determinar o distinguir el rol, la función o las acciones de cada uno de los dos "contendendientes" que desarrollan el combate de entrenamiento se les asigna un nombre japonés.

En Aikido, el que toma o juega el papel de agresor, atacando —convencionalmente— de todas las formas posibles o imaginables, y que como consecuencia de ello es proyectado o inmovilizado, recibe el nombre de AITE o UKE.

El que se defiende de la acción de AITE, aplicando los principios y las técnicas AIKI, y por tanto, proyecta e inmoviliza a éste, toma el nombre de SHITE, NAGE o TORI.

Según la experiencia del maestro Ueshiba, AITE, no es un adversario ni un enemigo, sino "algo" que se mueve ciegamente hacia SHITE, y ante lo que éste reacciona de acuerdo con los principios de las fuerzas universales YIN y YANG, para restablecer el orden y la armonía.

Figura 36

SHITE, (Tori) jamás realizará ninguna acción por la fuerza, sino que tendrá muy en cuenta el desplazamiento, la distancia, el desequilibrio, el timing, etc. puesto que el momento óptimo y decisivo se produce en el instante del encuentro o contacto entre AITE y SHITE, constituyendo cada instante una nueva ocasión, incluso al aplicar una técnica se fracasa, es preciso seguir para crear otra oportunidad.

La acción o iniciativa de ataque de AITE es convencional y prevista de antemano, aunque su actitud ha de ser la misma que en un ataque real, con absoluto control, para no tocar a SHITE si éste equivoca su esquiva o reacciona tarde.

AITE evitará la pasividad, los gestos mecánicos, la falta de atención, el dejarse hacer como un cuerpo muerto, pero tampoco ofrecerá una rigidez o resistencia exagerada y artificial. Ha de permanecer todo el tiempo muy atento, y reaccionará de manera natural marcando a temis, para advertir a SHITE de sus fallos en el mismo instante que se produzcan, retirándole su brazo o cuerpo y la oportunidad de defensa si tarda en actuar.

EN AIKI-KEN (KEN-JUTSU, KENDO):

– UCHI DACHI es el que ataca con un sable (AITE).
– SHIDACHI o UKETACHI es el que se defiende (SHITE). (Figura 37).

Figura 37

En AIKI-JO:

– UCHI es el que ataca con un JO (AITE).
– UKE es el que se defiende con un JO (SHITE). (Figura 38).

En JO contra KEN:

– UKE-JO es el que se defiende de los ataques de sable (SHITE).
– UCHITACHI es el que ataca con un sable (AITE).

Figura 38

LOS TRES NIVELES DE ATAQUE EN EL CUERPO HUMANO

El Budo considera el cuerpo humano dividido en tres niveles o zonas de ataque:

La parte superior toma el nombre de JODAN.

La media es conocida como CHUDAN.

La inferior se denomina GEDAN.

Su localización puede apreciarse en la figura nº 39.

Figura 39

KEIKO (ENTRENAMIENTO)

Es el entrenamiento propiamente dicho, y las múltiples formas o procedimientos de realizarlo.

Para los japoneses, KEIKO, significa además de entrenamiento, disciplina, aprendizaje, forja del cuerpo y del carácter, repetir y repetir acciones y movimientos hasta que son aprendidos y asimilados por el cuerpo.

El maestro Kano al fundar el Kodokan, estableció las directrices de la formación de sus alumnos en una idea integradora:

– RENTAI-HO = Adiestramiento del cuerpo. (TAI).
– SHOBU-HO = Adiestramiento técnico. (GI).
– SHUSHIN-HO = Adiestramiento de la mente (SHIN).

KAN GEIKO es el entrenamiento de 7 u 8 días durante la época más fría del invierno.

SOCHU GEIKO es un período de entrenamiento de duración similar, durante los días más calurosos del verano.

GODO GEIKO es un entrenamiento conjunto de varios clubs o dojos.

Básicamente el entrenamiento puede realizarse:

a) Individualmente sin ayuda de nadie. (TANDOKU DOSA).
b) Con ayuda de un compañero. (SOTAI DOSA).
c) Con ayuda de varios compañeros. (RANDORI).

Figura 40

TANDOKU DOSA (Figura 40)

Son todos aquellos ejercicios que se realizan individualmente sin ayuda o necesidad de un compañero. Pertenecen a este capítulo:

- MUSHIN NO KOKORO (La concentración).
- KOKYU HO (La respiración).
- FUNAKOGI – TAMA NO HIREBURI (La coordinación cuerpo-mente).
- JUMBI UNDO (AIKI TAISO) (Ejercicios específicos de calentamiento).
- SHISEI, KAMAE. (La actitud, la guardia).
- SHINTAI HO (Los desplazamientos de pie y de rodillas).
- TAI SABAKI (Las esquivas y movimientos del cuerpo).
- TAI NO HENKA (Cambios de guardia o postura).
- KOKYU NO HENKA (Coordinación de los movimientos con la respiración).
- UKEMIS (Las caídas).

Figura 41

SOTAI DOSA (Figura 41)

Son los ejercicios previos al entrenamiento de las técnicas, que se practican por parejas, es decir con la ayuda de un compañero (SHITE y AITE) como son:

- KAMAE (Ai-hammi, Gyaku Hammi, etc.).
- MA AI (Estudio de la distancia estática y dinámica).
- TAI SABAKI.

- KIAWASE (armonizarse con la acción o fuerza de AITE). Actuar al mismo tiempo con la misma velocidad, en la misma dirección que AITE. Simultaneidad. (TAI NO HENKA).
- RIPPO (Formas especiales de desplazamiento).
- KOKYU RYOKU YOSEI HO (Creación y ampliación de la energía integral del hombre).
- UKEMIS (Con ayuda de AITE).

KEIKO HO

Son las diferentes formas o métodos de abordar el entrenamiento de las técnicas. En Aikido, las más conocidas son:

1ª. IPPAN GEIKO. Cada aikidoka realiza la técnica, por la derecha, y por la izquierda, mediante el mismo ataque sucesivo, alternando los roles de SHITE y AITE.

El principiante, suele cometer dos errores durante su entrenamiento:

1°. Intentar realizar la técnica sin haber desequilibrado a AITE (Uke) o debilitado su postura.

2°. Realizar la técnica por la fuerza creando reacciones de resistencia en AITE.

Figura 42

2ª. KAKARI GEIKO. Es el entrenamiento libre y puede realizarse de dos formas:

   a) AITE ataca siempre de la misma manera.
      SHITE le proyecta o inmoviliza libremente como quiera.
   b) AITE ataca a su libre albedrío, del modo que desee.
      SHITE se defiende, asimismo, libremente. (JIYU WAZA).

Figura 43

3ª JU NO GEIKO. Entrenamiento de la flexibilidad, eliminando la rigidez, la tensión muscular, tanto por AITE como por SHITE. (Figura
42).

4ª. GO NO GEIKO. AITE ataca, agarra o resiste con fuerza. SHITE no
debe intentar vencer esa fuerza por la fuerza, sino buscar la trayectoria vulnerable de no resistencia. (Figura 43).

5ª. RYU NO GEIKO. Influenciar el espíritu de AITE e inducirle a atacar
de la forma deseada por SHITE. (Figura 44).

6ª. TANINZU KAKARI GEIKO. (FUTARI DORI): (Figura 45).
   a) Varios adversarios atacan todos de la misma manera. SHITE se
      defiende libremente, con la técnica que desee.
   b) Los adversarios atacan cada uno a su libre albedrío. SHITE se
      defiende también libremente.

El maestro Tamura, enseña que cada una de estas formas de
entrenamiento debe ser abordada, según cuatro niveles o grados de
progresión:

1° KO TAI = Forma sólida.
2° JU TAI = Forma fluida.

Figura 44

3° EKI TAI = Forma líquida.
4° KI TAI = Forma gaseosa.
que, sin duda corresponden a los estados de maestría o habilidad que va alcanzando el aikidoka.

Figura 45

De manera similar, el maestro Saito, en su método superior de Aikido, propone el entrenamiento de cada técnica bajo tres aspectos progresivos con cierta resonancia esotérica:

1° Sólido.
2° Flexible.
3° Ki o gaseoso.
que igualmente, como puede apreciarse, se refieren a formas cada vez más eficaces de realizar las técnicas.

KO GEKI HO

Es el capítulo que se ocupa de codificar y describir todas las formas de ataque conocidas en Aikido.

CAPÍTULO VI

EL SENSEI (EL MAESTRO)

"Ningún hombre podrá revelaros nada que no esté ya despertando en la aurora de vuestro entendimiento"

GIBRAN KAHLIL GIBRAN

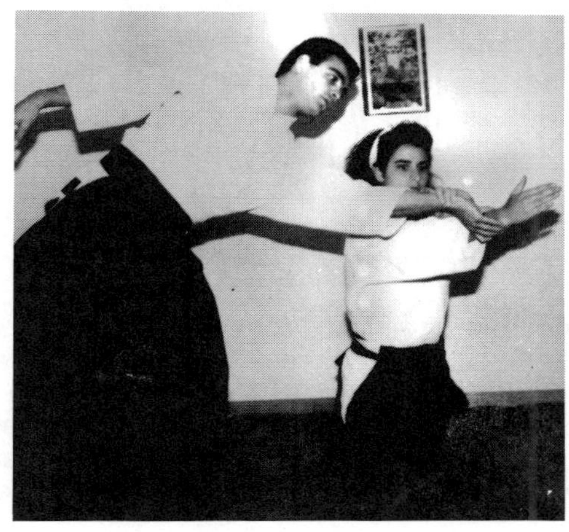

Figura 46

   ¿Quién conoce el camino...? ¿Quién está dispuesto a mostrarlo a los demás...? El maestro, el Sensei.

   Sensei significa: profesor, maestro, guía... pero de ninguna manera equivale a la idea de entrenador. Su origen se encuentra en las innumerables escuelas "Ryus" de la época feudal japonesa.

   Entonces y ahora, se da por supuesto que el Sensei domina su arte a la perfección:

– Sus técnicas son eficaces y bellas.
– Su adaptabilidad y disponibilidad inmediatas.
– Su concentración perfecta.
– Posee un auténtico y verdadero sentido del combate.
– Su equilibrio inalterable y ágiles sus reflejos.
– Su inextinguible energía por su magnífico sentido de la economía de la misma.
– Su excelente dominio de la respiración.
– Su gran control sicosomático.
– Su calma y serenidad frente a toda circunstancia, etc.

aunque ello no signifique que sea el más fuerte, el mejor o un ser excepcional.

El auténtico Sensei ha trascendido el aspecto técnico o material del Arte que ha escogido para adentrarse en el conocimiento del "mundo interior", de la verdadera sabiduría, la "Vía" (DO) de la que tantas veces se habla, y crear las condiciones necesarias para transmitirla o mostrarla a sus alumnos. (Figura 46).

Para ello y como condición esencial sabrá crear o establecer en el Dojo, ese ambiente especial del espíritu Budo, que influenciará la actitud y el comportamiento de los alumnos, siendo muy estricto con el respeto del ceremonial, la vestimenta, las armas, etc., es decir, no menospreciará nunca los aspectos externos del Aikido.

La impresión que el profesor causa a los alumnos viene determinada principalmente por:

- la postura habitual de su cuerpo.
- La forma de moverse.
- El estilo y la forma de expresarse verbalmente, (los gestos, el tono de la voz).
- Su presencia de ánimo expresada por los ojos o la mirada.
- La naturaleza habitual de sus mensajes personales (creencias, fobias, juicios, opiniones, etc.).
- La manifestación de sus emociones.
- etc.

Sobre todo la postura del cuerpo, por su gran influencia sobre el estado o actitud mental, emocional o afectiva del hombre es un signo muy revelador de la personalidad.

La formación del profesor, así como su comportamiento, aun sin pretenderlo, influencian poderosamente el estilo, la forma y las concepciones del Aikido que adquirirán sus alumnos.

Hay un proverbio que dice: "Cada alumno tiene el maestro que merece", el maestro Tohei lo expresa así: "Si el maestro es el espejo de sus discípulos, ellos lo son de él".

El maestro es también el "arquetipo de hombre" para sus alumnos que se fijarán en "cómo vive su vida cotidiana fuera del Dojo". Por tanto, si quiere merecer su credibilidad o respeto ha de vivir de acuerdo con los principios que enseña, es su deber y su reponsabilidad, por eso hay diferencia entre él y un simple entrenador.

Conocedor del poder de la voluntad y la sugestión, sabe que es cierto que "el creer genera poder", procurará que cada gesto o palabra suya sean un mensaje de influencia positiva capaz de alcanzar el subconsciente del alumno.

Otro proverbio oriental dice: "El que transmite no es más que el burro que transporta las reliquias", indicando que su misión es transmitir los conocimientos recibidos, sabiendo despertar las actitudes del discípulo, y "dar" sin esperar recibir nada... porque en su camino se encontrará con el aprecio y reconocimiento de muchos, pero también con la ingratitud y la incomprensión de alguno, aunque no ha de importarle porque, siempre que se hace algo por los demás (dar), más tarde o más pronto la ley universal de causa-efecto se cumple. Dar, nunca es un gesto inútil o estéril. (Figura 47).

Cuando el deseo de facilitar el camino al alumno, le induzca a introducir "modificaciones" o "novedades" en la enseñanza de las técnicas habrá de ser muy cauto para no alterar la naturaleza intrínseca de las mismas que es la síntesis y el fruto de la experiencia de muchas generaciones de maestros.

Es difícil, por no decir imposible, saber y conocer todos los aspectos del Aikido o del Budo, y muy peligroso desconocer esta realidad, creyendo que ya se ha llegado al estado perfecto.

Si no permanece siempre alerta, y conserva el mismo anhelo de aprender que el principiante, puede "ir hacia atrás" y sufrir una regresión en sus aptitudes.

Ha de ser consciente de que no lo sabe todo y de que puede aprender de todos, naturalmente también de sus alumnos. Pero, como decía el maestro Ueshiba: "sin obsesionarse por alcanzar la infalibilidad absoluta, ya que no cometer jamás un error, es el más grande error...", pues el error también enseña y motiva a cambiar, buscar, descubrir...

Por tanto, será humilde aceptando realizar su propia autocrítica cuando sea necesario, reconociendo sus errores, escuchando y valorando las opiniones ajenas porque "la razón es la razón y hace poderoso a quien la tiene..." sea quien sea, soportando y tratando de com-

Figura 47   **Figura 48**

prender las críticas del alumno que es una persona con formación y criterios propios tan válidos y acertados como los suyos.

Todo ello le ayudará a dominar su "ego" (orgullo, rencor, cólera, egoísmo, vanidad, envidia, cinismo, desconfianza, etc.) para que su "yo auténtico" pueda manifestarse en armonía con el entorno y con los demás.

Es un error pensar que el sensei, al envejecer pierde cualidades y eficacia, puesto que si no abandona el entrenamiento, su caudal de experiencia no deja de acrecentarse, por ello necesita adoptar una actitud de aprendizaje y formación permanente, ya que la calidad de su enseñanza dependerá siempre de sus cualidades personales y la amplitud de sus conocimientos. (Figura 48).

Su comportamiento habitual, su estilo de enseñar o de hacer, y sus relaciones con los alumnos son más importantes que las técnicas propiamente dichas.

El sensei ha de saber descubrir las motivaciones de los alumnos tan diferentes entre sí, para adaptar el método, los contenidos y los objetivos en función de las mismas. Sus criterios, lo mismo que su comportamiento, estarán siempre de acuerdo a normas morales o éticas respetadas por todos.

A veces la excesiva preocupación por agradar y ser aceptado por todos hace que el profesor no se atreva a mostrarse como realmente es. Olvida o ignora que para vivir no es imprescindible contar con el agrado y la aprobación permanente y absoluta de cuantos le rodean, lo cual no quiere decir que no ha de importarle la opinión de los demás, pero no hasta el punto de perturbar su natural comportamiento y forma de ser, que nunca estará reñido con las buenas maneras, el respeto y la cortesía.

Una de las mejores formas de ayudar a los demás consiste en materializar en la propia vida los principios éticos, morales o religiosos –generadores de armonía– que todas las personas desean ver encarnados en alguien.

A veces, inspirar confianza en algo o en alguien, ayuda a ver claro, es el motor que pone en marcha las aptitudes indecisas o dormidas de los otros.

LEALTAD AL PROFESOR

La lealtad es una virtud muy apreciada en el Bushido. Como lo es en nuestra sociedad, por lo que la relación entre profesor y alumno puede verse perturbada por la ausencia de esta virtud. (Figura 49).

La experiencia y los conocimientos de un buen profesor, son el resultado de muchos años de trabajo, estudio y "peregrinaje"... y de

Figura 49

---

todo ello, va a nacer la enseñanza que transmitirá al alumno, que se hace acreedor de ella mediante un entrenamiento serio y constante, y su "lealtad" al profesor, que no quiere decir servilismo (maestrolatría), ni anulación de la propia personalidad, pero tampoco "veleidad", es decir, andar buscando novedades, variantes, estilos, maneras, etc., en otros profesores o maestros, pensando que en un encuentro ocasional de una clase o un cursillo el maestro desconocido, le va a revelar en pocos segundos su sabiduría o su secreto, lo cual es señal inequívoca de que no ha depositado toda su confianza en su profesor habitual.

El sensei no puede, ni debe prohibir que sus alumnos tengan deseos de conocer o practicar con otros maestros; al contrario, debe invitarles a que lo hagan, como también lo hace él, porque sabe que es una forma de enriquecerse y progresar, pero ello no ha de constituir un obstáculo para que el alumno consciente, olvide la lealtad que debe a la persona que le está mostrando el camino y corrige sus errores, es decir, a su profesor.

El sensei no es un simple asalariado de los alumnos, a los que está obligado a transmitir su sabiduría por el pago de una cuota mensual, que en nada más les compromete, ya que éstos pueden asistir o no a las clases cuando les apetezca, así como abandonar la práctica o cambiarse a otro Dojo si les viene en gana, a veces por motivos bien fútiles.

Las relaciones profesor-alumno van más allá de esta prosaica transacción, y es aquí donde cobra todo su valor la lealtad a una persona.

El verdadero profesor o maestro, se sabe "eslabón de la cadena de transmisión generacional del Budo" y por respeto y fidelidad a la misma –para guardar intacta la herencia recibida– se ve obligado a dispensar dos tipos de enseñanza:

a) Enseñanza ordinaria. Auténtica y fiel a la tradición, pero elemental, destinada a los alumnos menos serios o inconstantes que toman el arte marcial como un simple pasatiempo o diversión y lo cogen o dejan a capricho.

b) Enseñanza especial que el profesor dispensa a aquellos alumnos cuyo deseo de aprender y progresar se evidencia por la seriedad y constancia de su entrenamiento y el respeto escrupuloso de la ética del Budo.

El profesor, a priori, no discrimina nunca a nadie, está abierto a todos, es el alumno con su comportamiento el que decide qué tipo de enseñanza desea recibir. Si el maestro no enseña todo cuanto sabe, no es porque quiera conservar ciertos "secretos" para sí con el objetivo de salvaguardar la superioridad, sino porque el nivel, la aplicación o el interés del alumno no lo permiten.

METODOLOGÍA

He aquí algunos principios pedagógicos que pueden servir de esquema a la hora de estructurar las clases.

1°. Identificación de metas
- mental
- técnica
- física
- pedagógica

2°. Identificación de necesidades
- estudio de materias
- tipo y frecuencia de entrenamiento
- aprendizaje

3°. Identificación de métodos
- contenidos
- procedimientos

4°. Evaluación
- objetivo inicial
- situación real después de un tiempo
- distancia que falta recorrer.

Los contenidos se programarán en función del tiempo real de entrenamiento, de la experiencia de los alumnos (clases especiales para cintos negros) y del auténtico deseo de progresar.

Adoptar los principios de entrenamiento en el dojo a la vida ordinaria, estableciendo qué momentos o circunstancias son adecuados para cada tipo de ejercicio.

El programa ha de ser coherente, progresivo, lógico, flexible y viable, y necesitará ser revisado, corregido y ajustado según aconseje la experiencia.

El profesor ha de saber motivar a sus alumnos para que progresivamente sean capaces de llegar al límite de sus posibilidades y aprender a encontrar en sí mismos esa reserva de energía que les permitirá ir más allá de dónde creían tener sus límites, para lo que trazará el camino teniendo en cuenta estos principios:

1°. Marcar los objetivos escalonándolos por pequeñas etapas.

2°. Aprovechar la confianza que da el logro obtenido.

3°. Adaptarse a las facultades o ritmo propio de cada alumno, así como sus motivaciones personales.

Una pequeña ayuda a la motivación puede consistir en explicarles brevemente antes de comenzar la clase, qué es lo que van a practicar ese día y qué objetivos se persiguen.

Cuando explique una técnica o ejercicio nuevo o desconocido por los alumnos les dará las explicaciones mínimas para estimular su atención y sus "ganas de descubrir". Los maestros japoneses apenas explican nada verbalmente, realizan la demostración y el alumno a su vez intenta imitar lo que ha visto.

Figura 50

Cuando se explica algo conocido por todos puede ser interesante enfocar su descripción señalando "lo que no debe hacerse" o los defectos más comunes en su realización.

Las demostraciones de movimientos deben ser impecables y el profesor evitará ejecutarlas si no está seguro de hacerlo a la perfección.

Si el ejercicio ha sido mal comprendido, y por tanto mal ejecutado por la mayoría conviene interrumpir el entrenamiento y explicarlo de nuevo.

Advertir con frecuencia a los alumnos para que no proyecten al compañero si no disponen de suficiente espacio libre para hacerlo sin peligro para nadie. Es necesario enseñarles a "cuidar al UKE".

Se evitarán o reducirán al mínimo aquellas técnicas cuya práctica no puede ser realizada por todos, para no dejar inactivos o frustrados a otros alumnos.

El profesor indica, recomienda, sugiere, propone el trabajo a realizar pero nunca ordena con despotismo.

Es muy importante crear un clima dinámico para que la clase se desarrolle con un ritmo de trabajo agradable y provechoso, animando a los más indecisos, inexpertos o desganados, y siendo exigente con los más veteranos.

Conservar la sangre fría y el autodominio en todo momento sobre todo en la dificultad o lo imprevisto, ser paciente con todos, sabiendo que la pérdida del autocontrol es percibida fácilmente por los demás, que captan el lenguaje del cuerpo del profesor (gestos, voz, mirada, actitud, etc.).

Mirar siempre a los ojos del alumno al que se dirige, y adaptar el tono de voz según el momento de la clase (principio, parte principal, vuelta a la calma), a cada alumno en particular, etc. siendo imparcial con todos.

Inculcar a los alumnos la forma de respirar correcta: Inspirar antes del esfuerzo, espirar progresivamente durante el esfuerzo evitando las retenciones de la respiración.

Nunca improvisar por sistema, sino preparar siempre la clase con anterioridad, respetando los principios biológicos, sicológicos y pedagógicos y sabiendo adaptarse a las necesidades específicas del momento, cansancio, calor, frío, etc.

Cada técnica debe practicarse por lo menos durante cinco minutos. No cambiar demasiado pronto (produce frustración en los alumnos) ni alargar excesivamente el tiempo con el mismo ejercicio (produce aburrimiento).

La corrección puede ser individual o colectiva. La individual la efectúa el profesor sin detener la clase, y será justa, breve, concreta y no hiriente. Cuando observa que los defectos son generales, interrum-

pe el entrenamiento y explica detalladamente el error a corregir, pero
¡ojo! sin excederse en la frecuencia puesto que sería una muestra de
vanidad por parte del profesor.

La tarea del maestro (sensei) así como su enseñanza son insustitui-
bles, los medios audiovisuales, así como los libros u otro material
didáctico por muy moderno y eficiente que sea, nunca es tan eficaz ni
provechoso como la presencia y la guía del profesor que seguirá
teniendo un rol principal en la enseñanza de las Artes Marciales.

CAPÍTULO VII

UKEMIS (Arte de caer)

"Sin una clara comprensión del sentido del movimiento no pueden esperarse verdaderos progresos"

JIGORO KANO

Literalmente UKEMI, significa "el cuerpo que recibe". Para el budo-ka, Ukemi es el arte de caer sin hacerse daño, ni sufrir ninguna lesión, mediante una técnica que permite disipar, disminuir o neutralizar los efectos perjudiciales del choque del cuerpo contra el suelo.

Según la Física, cuanto más pequeña es la superficie de choque, mayor es la energía que recibe la zona, y a la inversa, por ello los Ukemis, basándose en este principio, buscan –al caer– tocar con la mayor superficie posible del cuerpo al entrar en contacto con el suelo.

La energía del choque del cuerpo contra el suelo produce unas vibraciones que repercuten perjudicialmente sobre todos los órganos internos (corazón, pulmones, hígado, riñones, cerebro, etc.) pero que son neutralizadas o reducidas al mínimo, golpeando enérgica y simul-táneamente el suelo con todo el brazo y la mano para crear otra frecuencia de ondas.

El aprendizaje de los Ukemis reviste una gran importancia en AIKI-DO, JUDO, JU JUTSU, etc. pues el budoka no puede progresar real-mente, hasta que no domine estas técnicas de autoprotección, para liberarse del miedo a caer o a ser proyectado que generalmente son motivo de posturas o desplazamientos defectuosos.

TIPOS DE UKEMIS

Existe una técnica o método para cada una de las formas en que el cuerpo puede caer al suelo.

1ª KO HO UKEMI o USHIRO UKEMI. (Caída de espaldas, o hacia atrás). (Figura 51).

Figura 51

2ª SOKU HO UKEMI o YOKO UKEMI. (Caída de costado o lateral). (Figura 53).

Figura 52

Figura 53

3ª MAE UKEMI. (Caída frontal hacia adelante). (Figura 54) (Figura 55).
Los antebrazos forman un ángulo de 45° con el eje del cuerpo, y

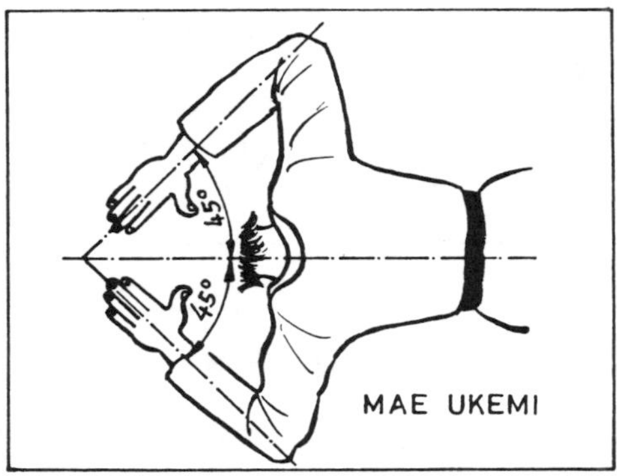

Figura 54

golpean con toda la superficie interna desde el codo hasta la punta de los dedos.
Las rodillas y el vientre no han de tocar el suelo.
Ladear un poco la cabeza.

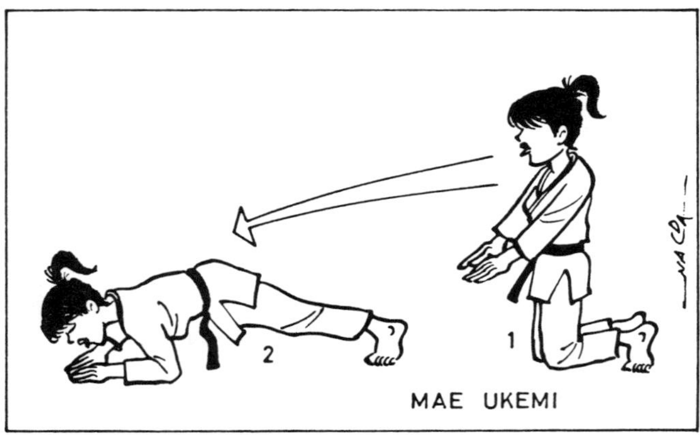

Figura 55

4ª ZEMPO KAITEN UKEMI. (Caída rodando hacia adelante). (Figura 56).

Figura 56

POSICIÓN DEL CUERPO EN LOS UKEMIS

La cabeza. La cabeza nunca ha de tocar, y menos chocar contra el suelo, por lo que:
a) En la caída hacia atrás la barbilla se acerca al pecho como para mirarse el ombligo.

b) En la caída de costado se inclina lateralmente hacia el lado opuesto al suelo.

c) En la caída hacia adelante, se acerca la barbilla al pecho inclinando la cabeza en dirección oblícua, como para mirar el pie retrasado. Al final de la caída no mirar nunca el suelo, sino los dedos de los pies.

Los brazos. No han de estar rígidos, sino semirelajados y totalmente extendidos en la caída de espaldas o de costado, y ligeramente arqueados en la caída hacia adelante.

Los brazos totalmente estirados y las manos, golpean el suelo con cierta energía al mismo tiempo, o una fracción de segundo antes que el cuerpo choque contra el tatami, dejando que reboten –doblándose por el codo– para que su onda de choque anule a la otra. (Figura 57).

Figura 57

Las piernas. Relajadas y estiradas, siguen el balanceo del cuerpo, ayudando a rodar y añadiendo su superficie a la del cuerpo para disminuir el efecto del choque en las caídas de costado. Se evitará cruzarlas para que no choquen entre sí los tobillos, las rodillas o aprisionen brúscamente los testículos.

Al final de la caída los pies siguen estando paralelos, uno golpea el suelo con el borde externo de la planta y el otro con la planta. (Figuras 58 y 59).

Zempo Kaiten Ukemi. El principio de la caída hacia adelante se basa en arquear el cuerpo como si fuera una esfera o una rueda, eliminando todo el ángulo o arista (codo, hombro) que pueda chocar contra el suelo.

Figura 58

Figura 59

La caída se produce por el giro o pivote vertical del cuerpo alrededor de su centro de gravedad, por eso es muy importante lanzar la pierna, o las piernas estiradas hacia atrás y arriba, pues su impulso es fundamental para realizar una buena caída.

No apoyar las manos en el suelo con los dedos dirigidos hacia adelante, sino apuntando hacia los de la otra mano retrasada o hacia los del pie asimismo retrasado.

Un pequeño secreto que ayuda a realizar una buena caída hacia adelante —en Judo o en Aikido— consite en dejar el pie de apoyo en el suelo, durante el mayor tiempo posible, mientras la otra pierna se eleva o se lanza, totalmente estirada hacia arriba, hasta conseguir la máxima separación entre ambas, y después "dejarse voltear", y llegar al suelo rodando, o amortiguando el choque con el golpe del brazo sobre el tatami y la superficie de las piernas. (Figura 61).

Tono muscular en los Ukemis. Los efectos, y el posible daño causados por una caída, varían según el estado de la musculatura corporal en el instante del choque.

Durante el breve tiempo que dura la proyección, el cuerpo que cae, debe mantenerse relajado, aunque no hasta el punto de perder su control, ni su sentido de orientación en el espacio, pero en el momento del contacto con el suelo, todos los músculos se contraerán instantánea y brevemente.

La respiración. Al iniciarse el Ukemi se hace una pequeña inspiración, seguida de una retención del aire, para no chocar nunca contra el suelo con los pulmones vacíos. Espirar o soltar el aire inmediatamente después de golpear con los brazos en el suelo.

Figura 60

Figura 61

LA ACTITUD MENTAL PARA EL UKEMI

No alimentar pensamientos de miedo, o imágenes de defectuosas caídas causantes de daño o lesión.

La mente ha de ocuparse con una visualización o imagen mental de Ukemi perfecto, pensando que todo va a salir bien, lo cual infundirá seguridad y eliminará el temor, la vacilación o el agarrotamiento que dificultan su realización.

Conservar la tranquilidad tanto si hacemos Ukemi por iniciativa propia como cuando vamos a ser proyectados por el compañero.

Figura 62

Figura 63

Figura 64

Figura 65

Figura 66

Figura 67

Figura 68

Figura 69

Figura 70

Figura 71

Figura 72
Figura 73
ZEMPO   KAITEN UKEMI
Figura 74
Figura 75

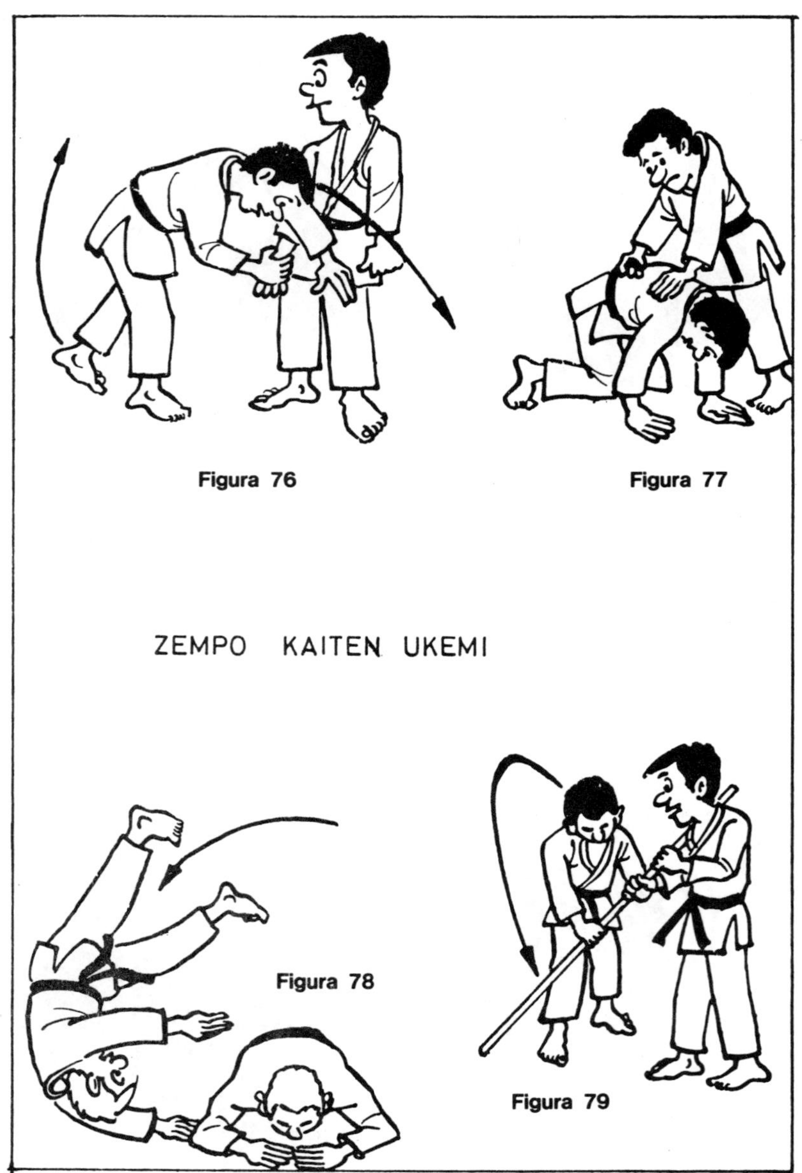

Figura 76

Figura 77

ZEMPO KAITEN UKEMI

Figura 78

Figura 79

Como sea que el espíritu o la mente mueven el cuerpo, al rodar hacia adelante o hacia atrás, hay que dirigir, enviar o mover el espíritu por delante, en la dirección deseada, y el cuerpo seguirá. La mente se anticipa y se lanza. (Figura 62).

Progresión. En todos los tipos de Ukemis, el principiante empezará desde la posición más cómoda y segura aprendiendo a:

- Abandonar la rigidez corporal y adoptar un tono muscular semirelajado.
- Coordinar el movimiento de piernas y brazos.
- Cómo respirar en el momento de caer.
- Tomar conciencia del movimiento de su cuerpo en el espacio. (Es una sensación difícil de captar).

El estudio de cada Ukemi se inicia:
1°. Acostado en el suelo.
2°. Sentado.
3°. En cuclillas o arrodillado.
4°. De pie.
5°. Con obstáculos.

Como puede observarse, el centro de gravedad del cuerpo se aleja (en altura) del suelo a medida que se progresa en habilidad.

Para incorporarse después de la caída existe una forma racional y elegante, como puede verse en el dibujo de la figura 63.

SHISEI

*"Vuestra mente no debe intervenir jamás en la acción.
Ningún pensamiento debe asaltar vuestro espíritu..."*

M. UESHIBA

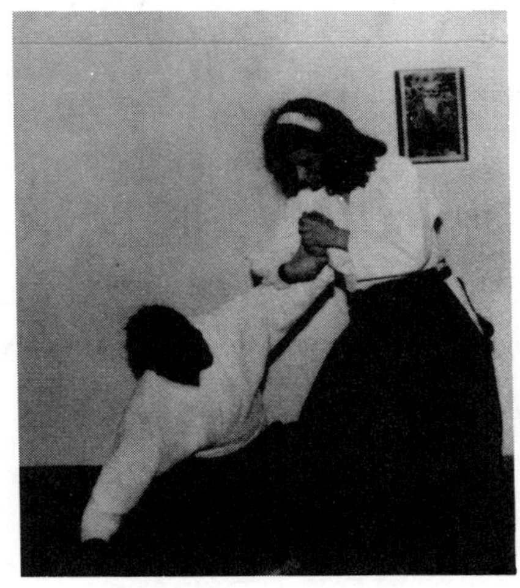

SHI = La forma, la figura, la postura, el aspecto.

SEI = La fuerza, la potencia, la vitalidad.

Del significado de esta palabra compuesta podemos deducir que SHISEI se refiere a la expresión de la energía, o fuerza que irradia un ser a través de la forma o la postura del cuerpo y la actitud del espíritu.

Es sabido que, en el hombre, los estados anímicos se somatizan y se manifiestan por determinadas posturas del cuerpo (gestos, movimientos, expresión del rostro, etc.) constituyendo señales inequívocas de una intención o una actitud.

En Aikido, SHISEI, significa adoptar o conservar una postura global –actitud– (cuerpo-respiración-mente) normal, y por tanto equilibrada y susceptible de actuar con potencia e inmediatez, unida a un estado de espíritu especial, o de alerta previa a la acción (Zenshin), permanente durante la acción (Tsushin). (Figura 80).

Es un hecho que la postura correcta del cuerpo, ya se encuentre de pie, sentado, en movimiento, etc. influencia al espíritu y le ayuda a establecer la calma, la concentración y el autodominio.

La máxima eficacia en la acción se alcanza cuando reina la paz interior, y ésta sólo aparece después de haber dominado al propio ego. (Muga, no-yo).

Figura 80

Figura 81

La actitud del hombre frente a cualquier obstáculo, o situación de combate comprende el estado o postura del cuerpo, y el estado o disposición de la mente (lo anímico) por sus relaciones de interdependencia e influencia recíproca.

La postura, la actitud mental, la potencia y la espontaneidad, están íntimamente ligadas, por tanto SHISEI enseña cual ha de ser la postura del cuerpo y la actitud del espíritu.

EL CUERPO

Adoptar una postura natural, estable, perfectamente equilibrada, que no fatigue, y que pueda ser modificada fácilmente con rapidez.

El tronco y la cabeza bien verticales, los pies bien apoyados en el suelo, (el peso del cuerpo repartido entre ambos) como enraizados, pero sintiéndolos ágiles y disponibles en todo momento.

Los ojos semicerrados, no deben fijarse ni detenerse en ningún punto concreto, y menos aún mirar a los ojos del otro, la mirada ha de ser global para captar todos sus gestos y movimientos, así como el entorno inmediato.

El tono muscular mantendrá un equilibrio óptimo entre la tensión mínima necesaria y la máxima relajación posible.

Adoptar la respiración abdominal profunda, lenta e imperceptible.

Ejercer un control perfecto de la postura, los gestos, la expresión de los ojos y el tono de voz, a pesar de las acciones del oponente.

Los ejercicios de visualización mental, de la postura correcta que cada uno debe adoptar, ayudarán a que ésta se aproxime cada vez más al ideal perseguido.

EL ESPÍRITU (LA MENTE)

No admitir pensamientos o ideas de tipo negativo, ni tampoco de victoria o derrota, pérdida o ganancia, etc.

Liberar la acción de la influencia del pensamiento y de las emociones. Controlar las emociones con ayuda de la voluntad y de la respiración.

Concentrar la mente en el hara para establecer la unidad con el cuerpo.

Es indispensable estar absolutamente presente en el "aquí y ahora" para ser dueño del momento y de la oportunidad.

SHISEI es la encarnación en la postura y la actitud del principio de "calma en la acción, y acción dentro de la calma". Lo que significa que tanto el cuerpo como la mente deben ser capaces de moverse instantáneamente y a la mayor velocidad conservando la calma y la respiración inalterables.

Respecto a la actitud correcta para el combate, Miyamoto Mushashi dice:

"... que el comportamiento cotidiano se convierta en el comportamiento del combate, y que el comportamiento del combate se convierta en el comportamiento cotidiano...".

"Vuestro espíritu ha de ser impenetrable para los demás". No obstante un buen SHISEI nos permitirá captar o intuir la vitalidad, actitud e intenciones del otro, así como su condición física, táctica de ataque, etc. permaneciendo al mismo tiempo inmutables e intocables.

En las Artes Marciales, y naturalmente, también en Aikido, SHISEI se materializa a través de lo que se conoce como KAMAE, o postura de guardia, que como se ha visto requiere entre otras cualidades: la disponibilidad, la adaptabilidad y la percepción inmediata. (Figura 82).

KAMAE

Es la postura corporal de alerta, o de protección, "la guardia", como se la conoce vulgarmente, y ha de reunir estos requisitos:
- Postura o posición correcta de todos los miembros del cuerpo.
- Cabeza y tronco vertical, concentración en el abdomen (hara).

Figura 82

- Los pies ligeramente separados forman como una T. Las piernas semiflexionadas.
- El tronco de perfil al oponente (lado izquierdo, pie izquierdo, y mano izquierda delante, o al revés).
- Según la posición de las manos, la guardia puede ser alta (Jodan) normal (Chudan) o baja (Gedan).
- Ha de adoptarse de manera sencilla y natural, como un reflejo innato.
- Ha de permitir esquivar, bloquear, desplazarse o atacar con rapidez, equilibrio y potencia.
- Ha de proteger bien todos los puntos vulnerables del cuerpo mediante un sentido de la distancia, una atención perfecta y un buen tai-sabaki que no deje aberturas ni dé facilidades al oponente.

Existe un tipo de guardia que parece una "ausencia de guardia" en la que se da más importancia a la actitud mental que a la postura del cuerpo conocida como MUKAE NO KAMAE y cuyo significado es "estar en guardia sin aparentarlo".

KAMAE

La postura natural del cuerpo, en posición de pie, y en perfecto equilibrio, cuando ambos pies están a la misma altura se conoce como SHIZEN TAI. Si se adelanta el pie izquierdo la nueva postura se llama HIDARI SHIZEN TAI, pero si es el derecho el que se adelanta se denomina MIGI SHIZEN TAI.

El Aikido la guardia habitual que suele adoptar recuerda la forma de un triángulo con un vértice apuntando al frente (el cuerpo de perfil al oponente) y se conoce como SANKAKUTAL (SANKAKNTAI).

Si se adelanta el pie izquierdo recibe el nombre de HIDARI KAMAE o HIDARI HAMMI. Figura 83.

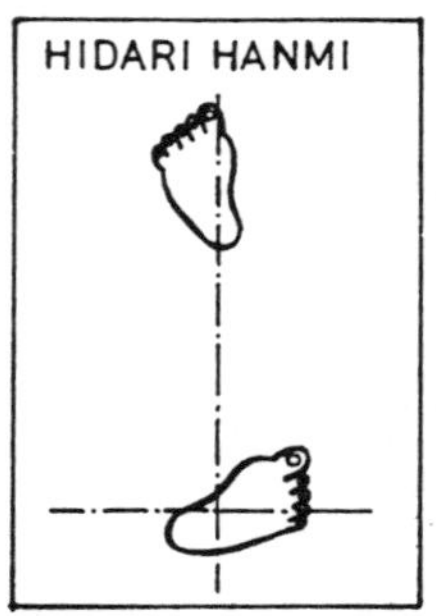

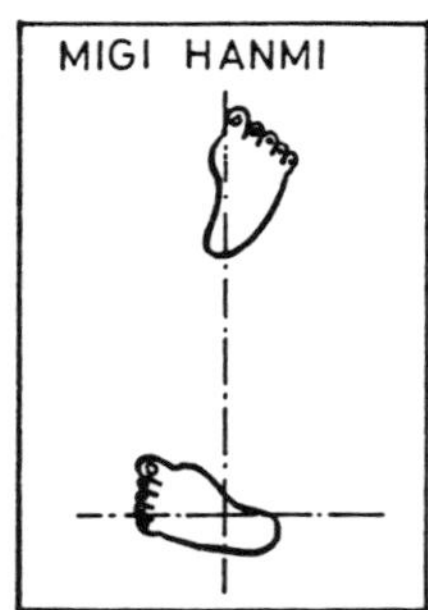

Figura 83   **Figura 84**

Si es el pie derecho el que se coloca delante se llama MIGI KAMAE o MIGI HAMMI.

Nunca hay que presentar el cuerpo totalmente de frente al adversario.

Cuando Shite y Aite adoptan la misma guardia, la posición relativa de ambos se conoce como AI HAMMI. (Figura 85).

Figura 85

Cuando uno adopta Migi Kamae y el otro Hidari Kamae esta posición se llama GYAKU HAMMI. (Figura 86).

Figura 86

CAPÍTULO IX

SHINTAI-HO

"Entra por la forma y sal de la forma".

Proverbio japonés

Shintai-ho es el estudio de las distintas formas de desplazarse en posición de pie o de rodillas.

En Aikido la forma de moverse o desplazarse (juego de aproximación o alejamiento del otro) tiene una vital importancia para el éxito o fracaso de la esquiva o el ataque.

Las distintas formas de SHINTAI se diferencian por el modo y el orden de mover los pies. En todos los desplazamientos, los pies, piernas, abdomen, caderas, tronco y cabeza, avanzan o retroceden formando un solo bloque, manteniendo una ligera tensión en el hara. El peso del cuerpo descansa sobre la parte media delantera de la planta de los pies. El movimiento de los dos pies ha de ser casi simultáneo.

TSURI ASHI

Los pies se desplazan rozando casi el suelo, sin cruzarse entre sí, y poniendo la fuerza en el borde externo de los mismos. La separación entre uno y otro en cada paso no ha de ser ni muy grande, ni muy pequeña, pues la primera perturba la rapidez, y la segunda debilita el equilibrio.

El centro de gravedad debe moverse –adelante, atrás, girando, etc.–en el mismo plano horizontal sin subir ni bajar, y gravitará siempre que sea posible entre ambos pies.

El desplazamiento del cuerpo y la fuerza creada por el mismo, son de gran utilidad para ayudar a desequilibrar al oponente.

El aikidoka, puede practicar individualmente las distintas formas de Shintai descritas a continuación, constantemente, sin cansarse, hasta que las incorpore a sus esquemas o circuitos neuronales, y pueda prescindir del pensamiento o la voluntad consciente para su ejecución y surjan espontánea y acertadamente de acuerdo a la necesidad de cada situación.

TSUGI ASHI

O sucesión de pies, sirve para acercarse o alejarse del oponente, conservando la misma guardia. Para ello, tanto al avanzar como al retroceder, los pies se mueven sin cruzarse en ningún momento, y conservando siempre la misma distancia entre sí. (Figura 87).

AYUMI ASHI

Es la forma normal de andar, y supone un cambio de guardia, tanto al avanzar como al retroceder. (Figura 88).

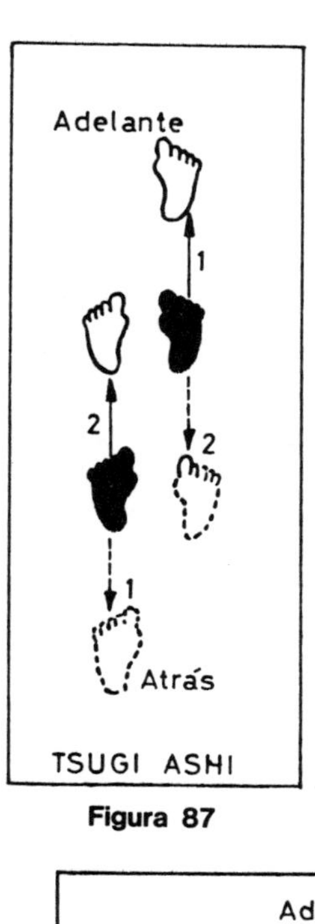

Figura 87

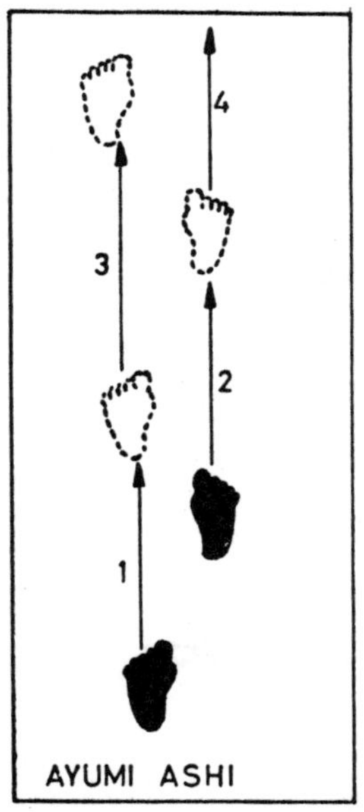

Figura 88

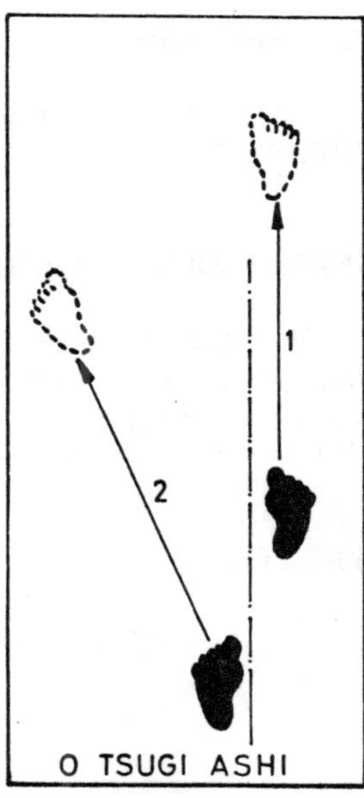

Figura 89

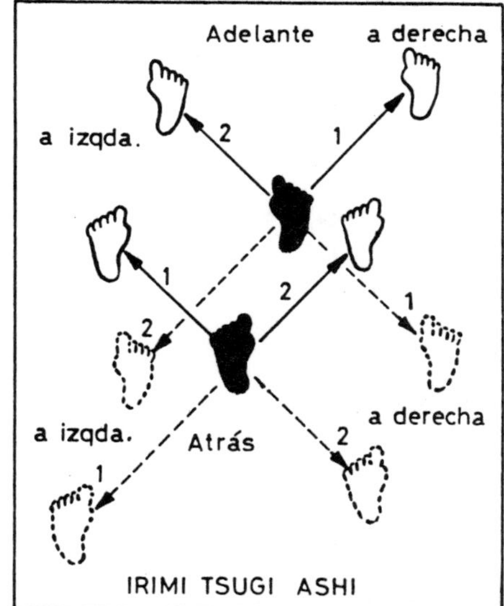

Figura 90

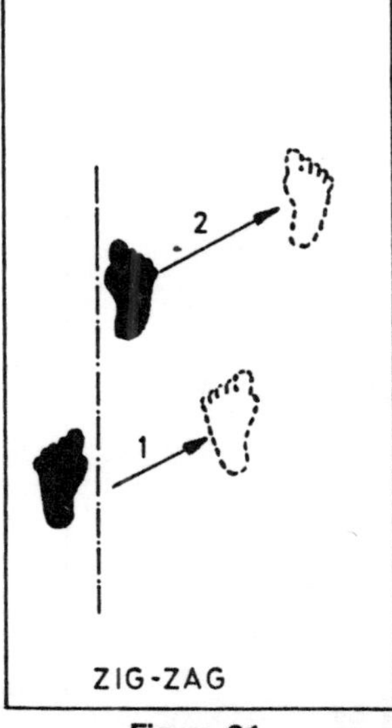

Figura 91

O TSUGI ASHI

Es un desplazamiento de ataque, o para frenar al otro. Por ejemplo Yokomenuchi contra Yokomenuchi. (Figura 89).

IRIMI-TSUGI ASHI (IRAKI ASHI)

Son desplazamientos hacia adelante o hacia atrás, a derecha o a izquierda siempre en dirección oblícua respecto al otro. Observar en el dibujo de la figura 90, el orden de movimiento de los pies según sea la dirección en que se desplaza el cuerpo.

ZIG ZAG

Sirve para esquivar o buscar el flanco del oponente. (Figura 91).

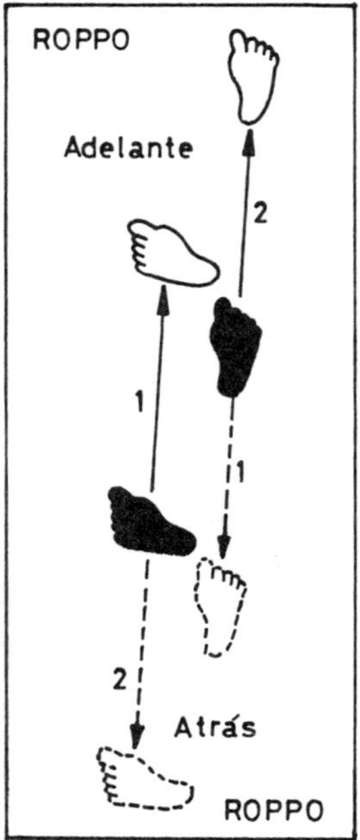

Figura 92

ROPPO

Otra forma de avanzar o retroceder, sin cambiar la guardia que resulta de gran utilidad para acercarse al otro y atacar con potencia. (Figura 92).

SIKKO

Es el desplazamiento de rodillas impulsando alternativamente las caderas en la dirección que se desea avanzar y pivotando sobre la rodilla que permanece en el suelo, con la planta de los dedos en contacto con el suelo (nunca el empeine). (Figura 93).

Figura 93

TAI SABAKI

"Entre el ataque, la percepción y la reacción,
no ha de caber ni el espesor de un pelo"

TAKUAN

Etimológicamente:
TAI significa, cuerpo, postura, actitud.
SABAKI significa, organizar, coordinar, adecuar, etc.

En Aikido conocemos como TAI SABAKI aquellos movimientos circulares u oblícuos del cuerpo (pies, caderas, tronco, manos, etc.) que se realizan para esquivar un ataque, o desequilibrar al oponente.

El objeto del TAI SABAKI como técnica defensiva es crear el vacío ante el ataque, saliendo de su trayectoria y utilizando el principio de no-resistencia, es decir, esquivar, adoptando al mismo tiempo una postura estable y potente para responder inmediatamente. (Figura 94).

El TAI SABAKI ha de permitir esquivar el ataque del otro y aproximarse a él —colocarse en el centro de la acción— para dirigirle, dispensar su energía, desequilibrarle y proyectar o inmovilizar.

Figura 94

En Aikido la esquiva o TAI SABAKI puede realizarse de dos formas:
1ª. IRIMI. Cuando la acción neutralizadora —movimiento expansivo— y el desplazamiento rectilíneo (en dirección oblícua al ataque) nacen al mismo tiempo que el ataque del oponente.
2ª. TENKAN. Cuando el ataque del oponente es muy rápido, o se ha percibido tardíamente, y no cabe otra salida que un desplazamiento en círculo hacia el exterior y atrás en dirección tangencial al ataque. (Movimiento absorbente).

El concepto de TAI SABAKI comprende:
– KOSHI SABAKI: acción o impulso de las caderas —girando en sentido

opuesto una respecto de la otra– una hacia adelante y otra hacia atrás, como factor principal de coordinación del cuerpo.

Todas las formas de TAI SABAKI parten del hara y las caderas, pero girando primero la cabeza en la dirección deseada.

El eje vertical de giro del cuerpo puede situarse en la parte central del cuerpo, o bien, en un lado u otro (vertical de los hombros). Siempre es el hara el que avanza, retrocede o pivota.

– ASHI SABAKI: el desplazamiento de los pies en oblícuo, girando, pivotando, etc.

– TE SABAKI: la acción de las manos para facilitar el sentido de giro del cuerpo, o incrementar la energía centrífuga de giro. Las manos siguen y amplían el movimiento del hara en trayectorias circulares o espirales que absorben o aspiran al oponente y lo desequilibran.

Para entrenarse en los ejercicios de TAI SABAKI es preciso adoptar una actitud de calma, una postura correcta (SHISEI) y la concentración o toma de conciencia del hara, imaginando el abdomen como una esfera, que al avanzar o retroceder, describe círculos verticales, al rotar o girar círculos horizontales, u oblícuos si gira, o se desplaza en diagonal.

El cuerpo está íntimamente unido a esta esfera (hara) y todos los movimientos de esquiva o desequilibrio parten de allí. (Figura 95).

Figura 95

Un buen TAI SABAKI no es posible sin el sentido del tiempo o de la anticipación en el instante que nace la acción del otro. Realizar un TAI

SABAKI significa, ser capaz, o estar en disposición de elegir el punto y el instante de encuentro o contacto con el oponente para hacer fracasar su acción y aprovecharse de ella.

La mayor potencia o energía corporal para proyectar, desviar, inmovilizar, esquivar, etc. se consigue cuando se domina la técnica del TAI SABAKI generadora de grandes fuerzas cuando actúa en trayectorias centrífugas, centrípetas, de vacío de espiral o remolino, etc. para ello el famoso monje zen Takuan recomendaba "liberarse del propio ego, de toda intención, e incluso del oponente...".

FORMAS DE TAI SABAKI

Irimi. (Figura 96). Es un cambio de guardia mediante un giro del cuerpo de 180° desviándose ligeramente en diagonal fuera de la línea de ataque.

Tenkan. (Figuras 97 y 98) **(Hidari o Migi)**. El cuerpo gira 180° pivotando sobre un pie, mientras el otro describe un arco de círculo hacia atrás.

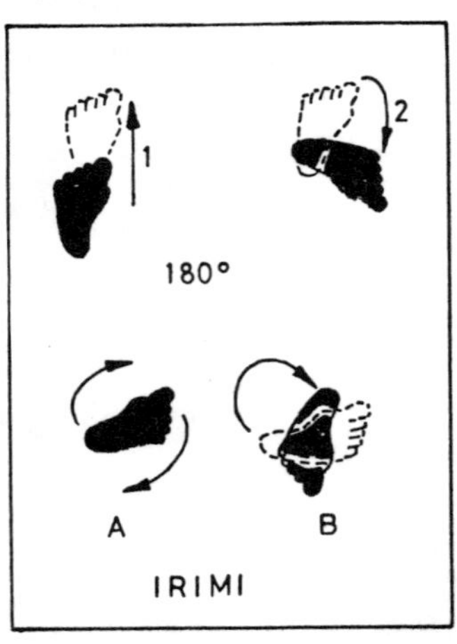

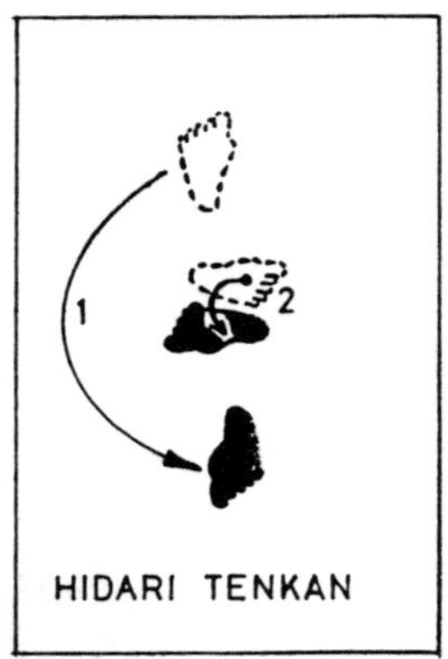

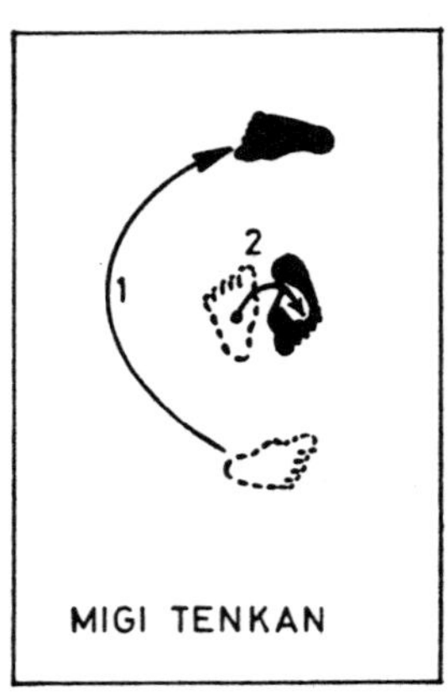

Figura 96   **Figura 97**   **Figura 98**

Henka. (Figura 99). Es un giro y un cambio de guardia de 180° pivotando simultáneamente sobre la parte delantera de las plantas de ambos pies, sin moverlos del sitio.

Irimi-Tenkan. (Figura 100). Es un desplazamiento en diagonal adelante (Irimi), un giro de 180° (Tenkan) y un cambio de guardia. (De Hidari kamae a Migi Kamae o viceversa).

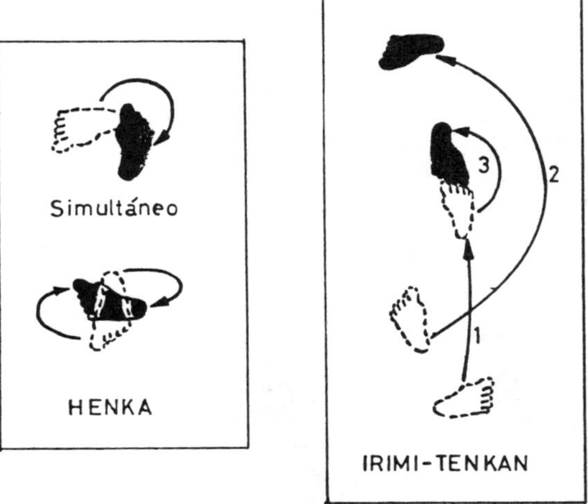

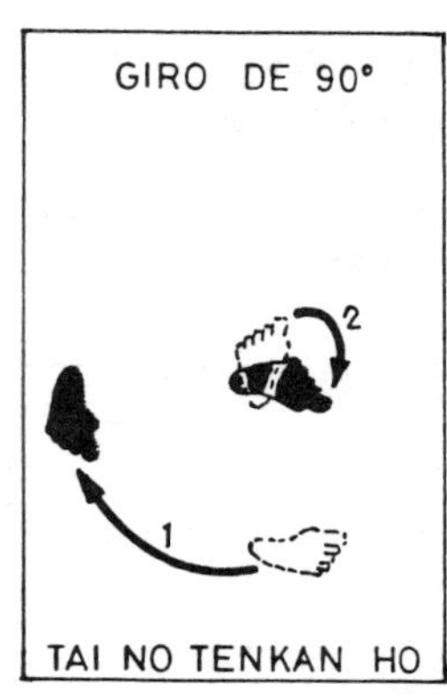

Figura 99 **Figura 100** **Figura 101**

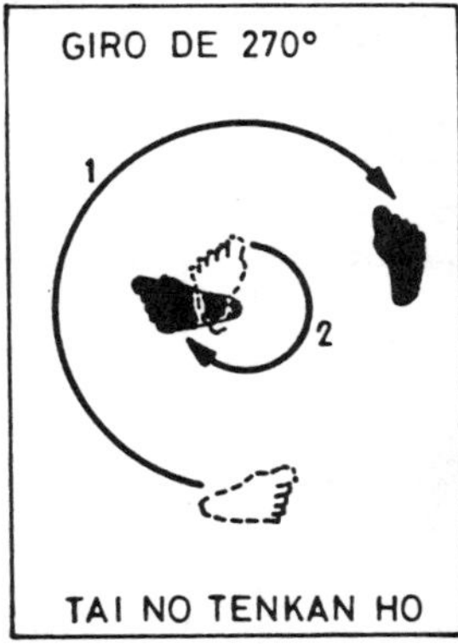

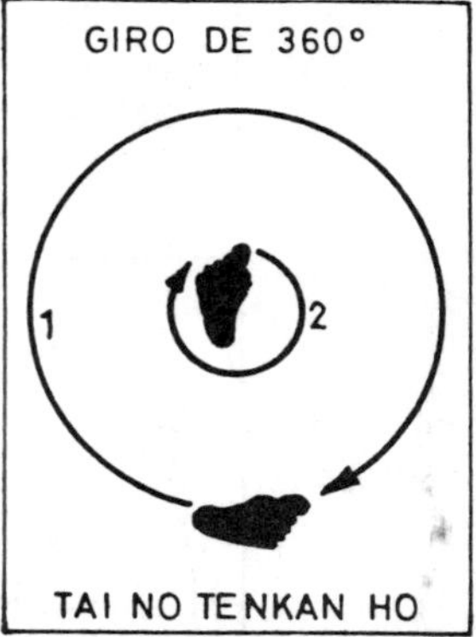

Figura 102 **Figura 103** **Figura 104**

Tai No Tenkan Ho. (Figuras 101, 102, 103 y 104). Son giros o rotaciones del cuerpo de 90°, 180°, 270° o 360°, pivotando sobre un pie, mientras el otro describe el arco del círculo correspondiente.

Es un movimiento que tiene plena aplicación ante agarres de muñeca, para unirse al otro y dirigirlo hasta su desequilibrio mediante la acción correcta de las manos y brazos (Te Sabaki).

EJERCICIOS DE APLICACIÓN
(Figuras 105, 106, 107 y 108)

Realizar Tai-Sabaki en Irimi y en Tenkan, ante un ataque Jodan Tsuki, desde las posiciones respectivas Ai-hammi y Gyaku-Hammi.
Variante del mismo ejercicio. (Figura 109).
Uke ataca en Jodan Tsuki. Tori realiza Tai-Sabaki en Irimi o en Tenkan según las indicaciones de esta figura.

Figura 105

Figura 106

Figura 107

Figura 108

TAI SABAKI CONTRA ATAQUES SUCESIVOS (Figura 110)

Uke ataca en Jodan Tsuki golpeando primero con la mano derecha seguida de la mano izquierda y a continuación con el pie derecho en Mae Geri, siempre avanzando en la dirección en que se encuentra Tori. Tori esquiva (Tai-Sabaki) como indica la figura 110.

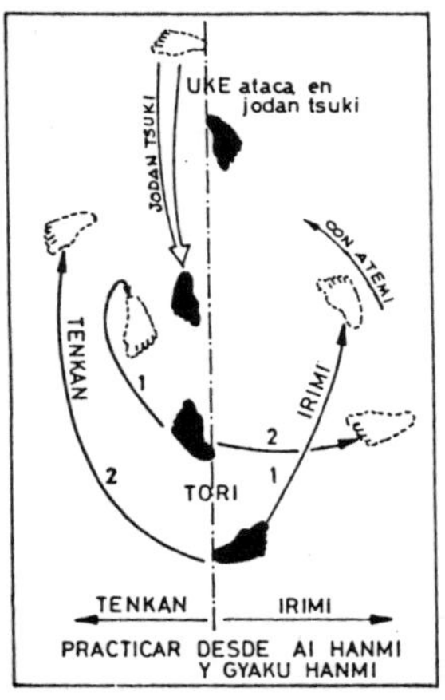

Figura 109

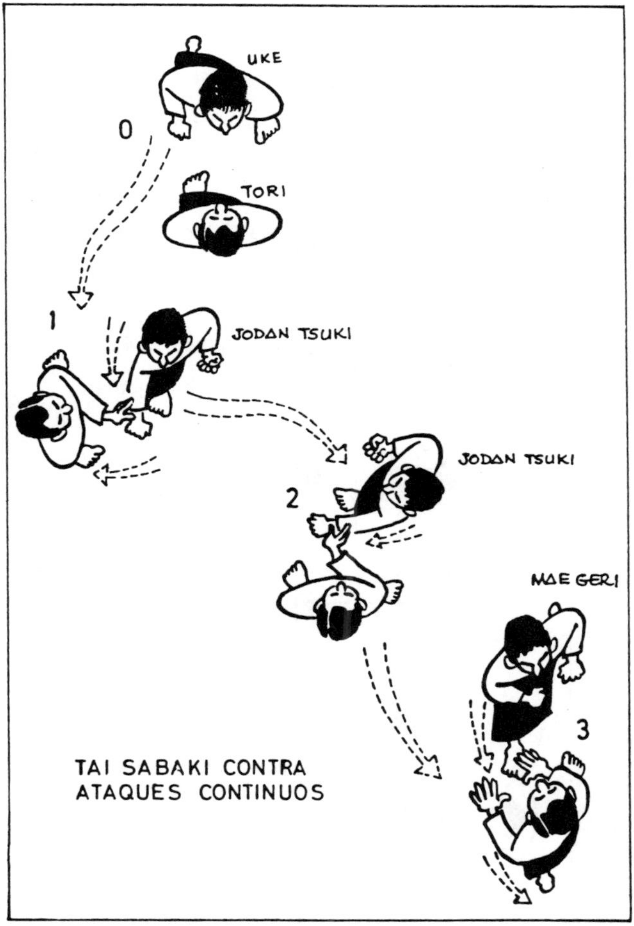

Figura 110

TAI SABAKI EN GRUPOS DE TRES (Ejercicios)

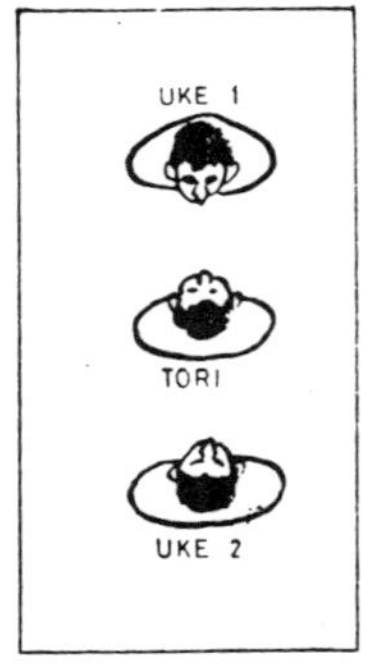

1 Uke 1 ataca Shomen | Tori desde Hidari hammi realiza Irimi-Tenkan.
Uke 2 realiza Yokomen

2 Uke 1 ataca Katate dori | Tori realiza Tenkan 90°. Tenkan 90° en el mismo sentido.
Uke 2 ataca Katate dori

3 Uke 1 ataca Kata dori | Tori desde Hidari hammi hace Irimi avanzando pie derecho, sigue Tenkan retrocediendo el izquierdo.
Uke 2 ataca Katate dori

Como norma general en todos estos ejercicios, Uke 2 agarrará el hombro o la muñeca de Tori que queda más cerca de él, cuando ha esquivado a Uke 1.

Figura 111

4 Uke 1 ataca Katate dori | Tori hace Tenkan. (Pie izquierdo atrás).
Uke 2 ataca Katate dori | Tori hace Irimi (Pie derecho adelante).

5 Uke 1 ataca Tsuki | Tori hace Irimi (Pie izquierdo atrás).
Uke 2 ataca Shomen | Tori hace Tenkan (Pie derecho atrás).

6 Uke 1 ataca Kata dori | Tori hace Tenkan (Pie izquierdo atrás).
Uke 2 ataca Tsuki | Tori hace Tenkan (Pie derecho atrás).

Figura 112

7 Uke 1 ataca Tsuki | Tori hace Tenkan (Pie izquierdo atrás).
Uke 2 ataca Tsuki | Tori hace Tenkan (Pie izquierdo atrás).

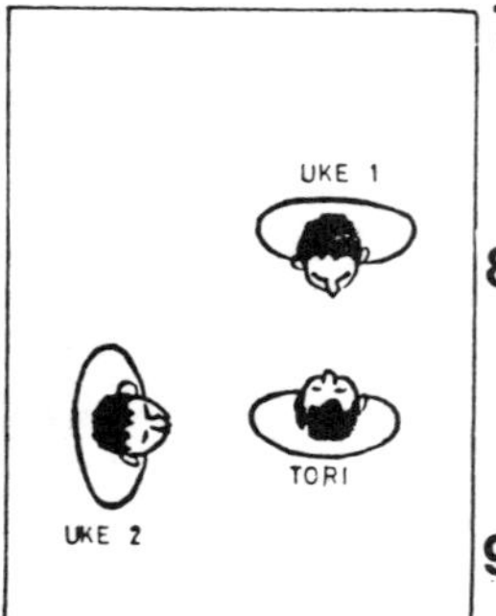

8 Uke 1 ataca Kata dori. Hombro derecho de Tori | Tori hace Tenkan (Pie derecho atrás).
Uke 2 ataca Kata dori. Hombro izquierdo de Tori | Tori hace Tenkan (Pie izquierdo atrás).

9 Uke 1 ataca Katate dori Mano izquierda de Tori | Tori hace Tenkan (Pie izquierdo atrás).
Uke 2 ataca Tsuki | Tori hace Irimi (Pie izquierdo adelante y derecho atrás).

Figura 113

TE SABAKI

Son los movimientos circulares o cambios de posición de las manos y los brazos durante el Tai Sabaki.

En la práctica del Aikido las manos o las muñecas son los miembros que con más frecuencia entran en contacto con el otro, y a través de ellas vamos a percibir todos los matices de la acción o de las intenciones del oponente (fuerza, tono muscular, dirección del impulso, grado de concentración, etc.).

La acción o movimiento de nuestras manos hace posible la respuesta al otro, aceptando su fuerza para transformarla a nuestra conveniencia. Gracias al Te-Sabaki podremos sumar o reunir la energía del otro a la nuestra.

La posición de las manos (dorso, palma, borde cubital) juega un papel muy importante en la preparación de cualquier técnica, ayudándonos a integrarnos en la dirección del ataque, y sobre todo a cambiar esa dirección, y debilitar el agarre del otro, facilitando la salida o expansión de nuestra energía.

Las manos pueden rotar alrededor de la muñeca de varias formas, que como puede apreciarse en los dibujos de las figuras 114 a 121, tienen una gran utilidad en la ejecución o preparación de las técnicas de Aikido.

Figura 114

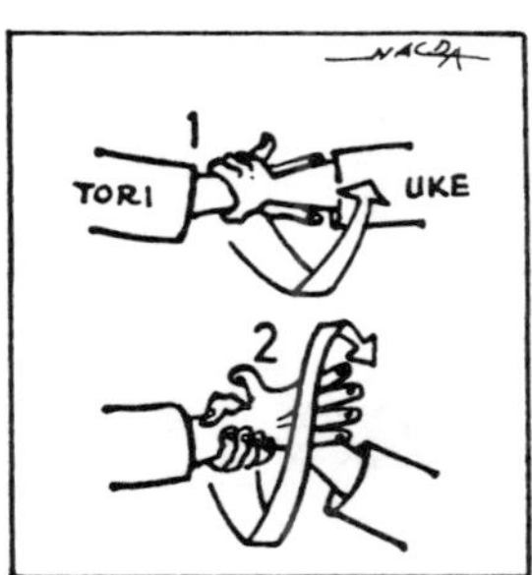

Figura 115

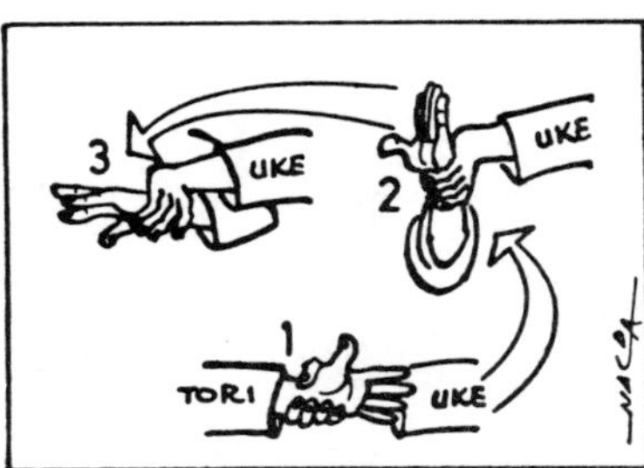

Figura 116

Figura 117

Figura 118

Figura 119

Figura 120

Figura 121

CAPÍTULO XI

MA-AI (LA DISTANCIA)

"Cuando te enfrentes al enemigo pon la distancia del agua entre tú y él".

M. UESHIBA

MA = Confluencia del tiempo y del espacio.

AI = Unión, armonía.

En Aikido la distancia o MA AI, es el espacio que separa a Uke de Tori, y que siempre varía en función del arma empleada en el ataque. Si consideramos todos los puntos de alcance máximo del cuerpo, tanto de Uke como de Tori, se ve que están delimitados por una esfera cuyo centro se encuentra en el hara (abdomen).

El sentido de la distancia es el sentido del tiempo y del espacio, o lo que es lo mismo, el instante y el punto de encuentro o contacto de ambos oponentes. Para agudizar este sentido en Aikido se considera que el oponente está siempre armado de un boken.

En Artes Marciales se tienen en cuenta tres situaciones distintas de distancia.

1ª. CHIKA MA. (Distancia corta). Uke y Tori se encuentran a una distancia inferior a un paso, y cualquiera de los dos puede alcanzar al otro sin ningún desplazamiento previo. En esta proximidad es posible la sorpresa, y toda reacción defensiva necesitará indefectiblemente la ayuda de un atemi previo. (Figura 122).

Figura 122

2ª. MA. (Distancia media). Uke y Tori se encuentran a una distancia ligeramente superior a un paso, y cualquiera de los dos necesitaría dar ese paso para alcanzar al otro. Da más tiempo para reaccionar, aunque la sorpresa también es posible. Se puede utilizar el impulso del atacante en beneficio propio. (Figura 123).

3ª. TO MA. (Gran distancia). Uke y Tori se encuentran a tres o cuatro pasos de distancia el uno del otro. Hay tiempo para percibir y ver llegar el ataque, y la sorpresa resulta muy difícil. (Figura 124).

Figura 123

Figura 124

Durante el combate, Tori ha de procurar mantener una distancia dinámica, es decir, saber aproximarse y alejarse del oponente a su conveniencia, en forma cíclica, repentina e irregular.

DE AI. Es un concepto que se refiere al hecho de anticiparse a la acción del otro, de manera que se le obliga a atacar precipitadamente cuando aún no estaba dispuesto, y hacia un punto o una dirección que tampoco había elegido. Cuando ambos están en movimiento, Tori ha de integrarse en el ritmo de Uke para alterarlo e imponerle el suyo.

Los dos errores más frecuentes que suelen darse referentes a la distancia consisten en:

1°. Permitir al oponente que se acerque cuando él desee, o que adopte una distancia favorable a sus intenciones.
2°. Atacar o contraatacar desde distancia incorrecta, lo que normalmente es causa de pérdida de equilibrio y desventaja.

El momento del encuentro es definitivo, por lo que es imprescindible actuar en el tiempo oportuno "ni demasiado pronto ni demasiado tarde", sabiendo esperar el instante en que el oponente lanza su ataque decididamente, y ya no podrá cambiar su intención ni su trayectoria.

En cuanto a la percepción de ese instante pueden diferenciarse tres estadios:

SEN NO SEN. Es el grado máximo de percepción –generalmente intuitivo– de la actitud, las intenciones y el nacimiento de la acción del oponente. La expresión de su cara y la postura del cuerpo son en extremo reveladoras de las intenciones, y del instante en que decide lanzar su ataque.

Sen No Sen es la respuesta anticipada frente al oponente, sobre el que se descubre su intención de atacar. La acción de Tori se adelanta a la de Uke.

TAI NO SEN. Es la percepción y reacción o respuesta al mismo tiempo que el oponente desencadena su ataque. Simultaneidad.

GO NO SEN. Percepción y respuesta tardía o después del ataque del oponente.

EJERCICIOS DE APLICACIÓN DE MA AI

1o. CHICHA MA
Uke se encuentra a unos 60 centímetros de Tori, de tal modo que sólo estirando su brazo puede agarrar o golpear a Tori.

a) Uke intenta agarrar. ⟶ Tori esquiva en Ura
b) Uke intenta golpear. ⟶ Tori desvía el golpe en Irimi

Esta forma de reaccionar corresponde al estadio de Go-no-sen.

2o. MA
Uke se encuentra a un metro de distancia de Tori, de manera que si quiere agarrar o golpear necesita dar un paso para aproximarse.

Uke con el brazo extendido ⟶ Tori hace tai-sabaki en Ura da un paso para agarrar a esquiva y, cogiendo el brazo de Uke, se integra en su Tori. dirección para desequilibrarlo.

Uke dando un paso intenta ⟶ Tori, idem. (Se integra y golpear en Shomen, Tsuki, aprovecha el impulso de etc. Uke para desequilibrarle). (Tai-nosen).

3º. TO MA

Uke se encuentra a dos o tres metros de Tori, de modo que para alcanzarle con su ataque necesita dar dos o tres pasos.

Uke comienza su ataque y ⟶ Tori no debe esperar quieto bien sea para agarrar o to a que llegue Uke, sino golpear a Tori se lanza ha- que cuando éste empieza cia él. su desplazamiento Tori se mueve en diagonal para que Uke llegue por la tangente de su esfera dinámica, y aprovecha el agarre o golpe de Uke para desequilibrarle, arrastrándole tangencialmente.

Esta forma de reaccionar corresponde al estadio Sen No sen.

CAPÍTULO XII

YIN-YANG

*"El lado derecho genera potencia a través
del lado izquierdo".*

MAESTRO UESHIBA

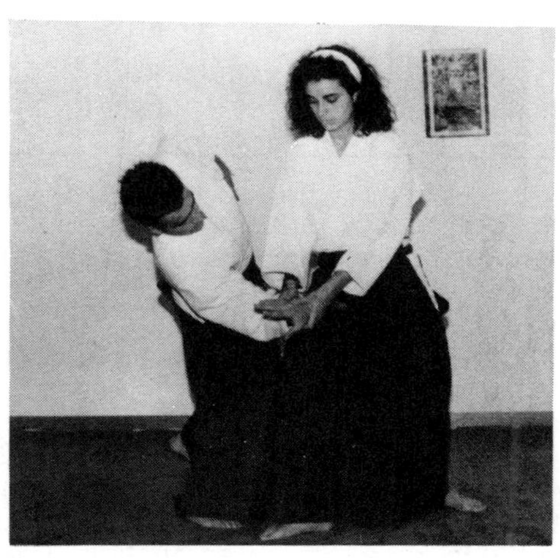

Figura 125

Yin y Yang son dos conceptos de orígen chino mediante los que la filosofía taoísta expresa los ritmos vitales de todo lo creado. (Figura 125).

Yin (en japonés Inn) y Yang (en japonés Yo), son dos principios opuestos pero complementarios que se encuentran en todas las manifestaciones de ia naturaleza, y en el hombre, lo mismo en su constitución como en su comportamiento.

Se atribuye al Yang todo lo positivo –no en el sentido de bueno– la fuerza activa, lo masculino, el día, la claridad, la actividad, la forma, etc. sin que Yang sea superior a Yin.

Se atribuye a Yin lo negativo –no en el sentido de malo– la fuerza pasiva o receptiva, lo femenino, la noche, la oscuridad, el reposo, el vacío, etc. sin que Yin sea superior a Yang.

Aunque parecen dos fuerzas antagónicas y contradictorias, la una no puede existir sin la otra, hay una interdependencia y un constante movimiento de la una hacia la otra de manera que en los textos orientales se dice:

"Yin rechaza a Yin, y Yang rechaza a Yang...".

"Yin atrae a Yang y Yang atrae a Yin...".

(Uno crece y otro disminuye alternativamente; gracias a cuyo movimiento se mantiene el equilibrio dinámico).

"Yin es centrífugo y Yang es centrípeto...".

"Yin no es siempre Yin, y Yang no es siempre Yang...".

(Cada uno puede transformarse en el otro en determinadas circunstancias).

La existencia del uno (Yang) implica necesariamente la existencia del otro (Yin). (Figura 126).

Figura 126

Las técnicas de Aikido se basan en la aplicación práctica de estos principios a los movimientos corporales y a la forma de emplear la energía de ambos oponentes buscando la armonía y la unificación de dos fuerzas opuestas de acuerdo con las leyes del TAO (DO).

Todas las acciones o movimientos de Uke o de Tori se realizan casi exclusivamente de manera Yang o Yin, por ejemplo:

– Empujar es Yang.
– Tirar hacia sí es Yin.

– El ataque es Yang.
– La defensa (esquiva) es Yin.

Un dicho oriental lo expresa de esta forma: "Todos los hombres llevan el Yin a sus espaldas y el Yang en los brazos".

La unión de Yin –fuerza centrífuga– y Yang –fuerza centrípeta– es imprescindible en todos los movimientos físicos (Musubi).

En la práctica conviene proceder así:

a) Distinguir inmediatamente el carácter Yin o Yang de la acción oponente.

b) Adaptar su acción defensiva al principio: "Yin atrae a Yang y Yang atrae a Yin" o de manera más comprensible, a una acción Yang del oponente deberá oponer una acción Yin y viceversa. Pero... ¿qué acciones del oponente deben considerarse Yin o Yang?

Como norma general, debemos entender que, cada vez que el oponente toma la iniciativa y ataca sinceramente está realizando una acción Yang, a la que deberá oponerse una acción Yin que la complemente, seguida de una acción Yang para proyectarle o inmovilizarle.

Asimismo, en cada acción del oponente, en el momento de su preparación o nacimiento, existe una fracción de segundo en la que aquélla es Yin, si nos anticipamos (Sen-no-sen) con una acción Yang conseguimos abortar y neutralizar ese ataque antes de haberse iniciado. (Figura 127).

Figura 127

---

c) Cuando se recibe o se espera un ataque, es necesario adoptar una actitud Yin. Una esquiva que tiene éxito, seguida del correspondiente movimiento de proyección o inmovilización, expresa claramente el principio de cómo una acción Yin evoluciona hacia el Yang.

d) En cada acción el cambio de sentido de Yin a Yang, o viceversa, no ha de ser nunca brusco, sin fluido, continuo, progresivo, evitando las trayectorias rectilíneas y siguiendo la línea circular o sinuosa que delimita el Yin y el Yang en el emblema o símbolo del Tao. El tiempo y el espacio, siguiendo la trayectoria de la línea que los delimita, hacen que Yin se convierta en Yang y viceversa. (Figura 128).

Figura 128

---

e) Es necesario aplicar el Yin al mismo tiempo que aparece el Yang del oponente, pero permitiendo que esa acción adversaria agote su impulso y trayectoria en el vacío para aplicarle el Yang que le causará el desequilibrio y la caída al suelo.
No hay que precipitarse abortando el tiempo y el espacio que requieren la aplicación de estos principios esotéricos. Un ejemplo práctico ayudará a entender las explicaciones que preceden.

– Uke agarra a Tori en Mune Dori:
   1°. Si Uke le atrae hacia sí, Tori cede y le empuja en diagonal hacia su espalda proyectándole en Kokyu Nage.
   2°. Si Uke le empuja, Tori cede retrocediendo y le proyecta en Kokyu Nage.

f) El hombre sólo puede actuar eficazmente, en cada instante en una sola dirección: o tira, o empuja. En la misma dirección que tira o empuja podrá utilizar toda su potencia si encuentra oposición, pero se verá imposibilitado de usarla si no halla la resistencia que esperaba.

La acción del Yin y del Yang está presente en todos los actos del oponente y su conocimiento constituye la base de la no-resistencia como puede leerse en libros tan antiguos como el DENSHO CHU SHAKU de la Escuela de Kito que dice:

"... Cuando el enemigo viene en Yin, ganar mediante Yang. Cuando el enemigo es Yang, ganar por Yin...". "... Deshechar la fuerza propia y ganar utilizando la del enemigo...". (Figura 129).

A una acción Yin del oponente hay que oponer una acción Yang o viceversa, en un encuentro o confluencia integradora y conciliadora en dirección y velocidad.

Cuando el oponente se dispone a preparar un golpe y toma impulso (brazo o pierna o caderas atrás o arriba) ese gesto es el Yin de su acción durante la cual normalmente inspira. Cuando lanza el golpe es la acción o fase Yang, en la que retiene el aire o lo expulsa.

Cuando Tori entra en Omote (Yang) –expulsando el aire– sólo tendrá éxito si actúa en el instante preciso en que Uke se encuentra en su fase Yin.

Si Tori esquiva el golpe en Ura (Yin) –inspirando para absorber al oponente– lo hará en el momento positivo de Uke (Yang) observando como la respiración de ambos se encuentra en fase distinta y complementaria.

Los orientales consideran en el cuerpo humano, que los músculos extensores son Yang, y los flexores son Yin, es decir, lo que sale o se proyecta del cuerpo hacia afuera es Yang, y lo que atrae hacia sí mismo es Yin.

Figura 129

IRIMI. IRI = Entrar en casa.

MI = En el seno, en el vientre.

Del significado de ambos ideogramas o vocablos se llega a la idea de "entrar o penetrar en la guardia del oponente" por propia iniciativa, o por descuido del otro.

Irimi es el arte de entrar hacia el oponente sin enfrentarse directamente a su fuerza o su ataque, y poder dirigirle en la dirección conveniente volviendo contra él su propio impulso. Irimi corresponde a la acción Yang. El maestro Tohei recomienda realizar Irimi con la actitud del brazo inflexible y la concentración de energía en el hara.

Parece ser que el Maestro Ueshiba introdujo el principio Irimi en Aikido, como consecuencia de su amplia experiencia en el Arte de la Lanza.

TENKAN. TEN = Transferir, circular, rueda, evolucionar, etc.

KAN = Cambiar, modificar, etc.

TENKAN Significa, entre otras cosas, cambiar la dirección de un movimiento.

En Aikido se conocen así los movimientos circulares que se realizan pivotando sobre un pie (ver capítulo Tai-Sabaki) para cambiar la dirección del ataque del oponente sin detenerlo, absorbiéndole y desequilibrándole gracias al vacío y a la energía creada por la rotación del cuerpo.

Tenkan corresponde a la acción Yin.

OMOTE-URA. Casi todas las técnicas de Aikido pueden realizarse de dos maneras: en Omote y en Ura.

Literalmente Omote significa: el derecho, la cara, el anverso, el frente.

Ura significa: el revés, la espalda, el reverso, la parte trasera o interior.

Omote se identifica con Irimi por la forma de entrar hacia el frente del oponente en diagonal o dirección oblicua.

Ura se identifica con Tenkan por la forma de pivotar y colocarse espalda con espalda para atacar al oponente desde atrás.

Omote podría corresponder al estadio Sen-no-sen de percepción del ataque, y Ura al Tai-no-sen.

EJERCICIOS PRÁCTICOS YIN-YANG

1°. Uke agarra en Katate Dori y empuja. Tori cede y hace Shiho Nage (Tenkan).

2°. Uke agarra en Katate Dori y tira. Tori cede, y yendo hacia Uke, hace Tenchi Nage.

3°. Uke agarra en Mune Dori y atrae. Tori cede y hace Kokyu Nage en oblicuo.

4°. Uke agarra en Mune Dori y empuja. Tori cede, retrocede y hace Kokyu Nage.

5°. Uke agarra en Hiji Dori y empuja. Tori cede, gira y hace Ude Gatame.

6°. Uke agarra en Hiji Dori y tira. Tori cede, se lanza hacia él y hace Kokyu Nage.

Todas las técnicas están basadas en el principio elemental:

YANG contra YANG   = Mal.
YIN contra YIN   = Mal.
YANG añadido a YIN = Perfecto.
YIN añadido a YANG = Perfecto.

Lo mismo en Tori como en Uke, el acto de inspirar se corresponde con el signo Yin y la acción de tirar o atraer hacia sí.

El acto de espirar o expulsar el aire corresponde al signo Yang y a la acción de empujar (expansión).

7°. Uke y Tori en Suwari waza frente a frente.
Uke agarra a Tori por la solapa y tira hacia sí (inspiración). (Yin).
Tori al sentir la tracción, apoya su mano sobre el hombro de Uke y le empuja al tiempo que expulsa el aire (Yang).
Las acciones de ambos se complementan en dirección y fase respiratoria. (Figura 130).

8°. Uke y Tori en Suwari waza frente a frente.
Uke apoya su mano sobre el pecho o el hombro de Tori y le empuja espirando (Yang). (Figura 131).

Figura 130

Tori, al sentirse el empujón, hace un ligero Tai-sabaki y absorbe a Uke, apoyando su mano sobre la de él, atrayéndolo hacia sí mientras inspira (Yin).

Estos ejercicios pueden ser muy útiles y relajantes después de un período de entrenamiento intenso en la clase, cuando se aprecia cansancio en los practicantes.

Figura 131

KIAWASE

"Guiar sin dominar: esa es la gran virtud".

TAO TE KING

KI   = Energía, vitalidad, potencia, etc.
AWASE   = Unión, armonía, etc.

En Artes Marciales KIAWASE se refiere a la armonía que debe establecerse entre la acción de Uke y la de Tori. Es un principio de acción basado en una actitud permanente de no-resistencia, que surge al mismo tiempo que nace el ataque con el que se va a integrar.

Esta armonía no es otra cosa que un intento de hacerse uno con el otro, en ponerse de acuerdo con el oponente integrándose en su acción al mismo tiempo, a la misma velocidad, en la misma dirección... y cuando esto se consigue deja de existir el oponente...

Mediante KIAWASE se aprende a dirigir al otro hasta proyectarle, sin el sentimiento ni la intención expresa de hacerlo, simplemente respetando y obedeciendo los principios universales del movimiento.

A este respecto el maestro Saotome dice: "... debes recibir la energía del oponente, unirte a ella y hacerla tuya, absorberla en tu hara, para que ambas se junten en una misma corriente o dirección...". (Aikido: Nature et armonie).

Naturalmente, antes, es imprescindible establecer la armonía en sí misma haciéndose dueño de las emociones, los deseos y los pensamientos propios, cuyo entrenamiento puede realizarse en todos los instantes de la vida.

TAI NO HENKO. Con este nombre se conocen las técnicas o ejercicios básicos de armonización cuya práctica requiere la adopción de la actitud más adecuada.

KI WO NERU. Es la actitud idónea para recibir y concentrar el Ki en el hara, desde donde irradia y alcanza todos los puntos del cuerpo, proyectándose después al exterior por la zona de contacto con el oponente.

KI WO TOTONOERU. Significa estar disponible en todo instante, para moverse en cualquier dirección, gracias a la concentración de la mente en el hara, al control de la respiración y a la actitud mental antes citada.

En los ejercicios de Tai no Henko en los que Tori es agarrado por la muñeca, al rotar para unificar la dirección de su Ki con el de Uke, procurará no cruzar su mano por delante del eje del cuerpo del oponente, pues si éste atacase con un sable, la mano de Tori sería alcanzada.

EJERCICIO N° 1. Uke agarra a Tori en Katate Dori y le empuja.
                      Tori cede pivotando sobre un pie, y extiende o estira su brazo hacia adelante dando un paso. (Figura 132).
EJERCICIO N° 2. Uke agarra a Tori en Katate Dori y le atrae hacia sí.
                      Tori cede y avanza hacia Uke extendiendo su brazo adelante. (Figura 133).

Figura 132

Figura 133

EJERCICIO N° 3. Uke ataca a Tori en Jodan Tsuki.
Tori pivota girando su cuerpo y uniendo su mano al impulso de Uke. (Figura 134).

Figura 134

EJERCICIO N° 4. Uke ataca a Tori en Shomen Uchi.
Tori va a buscar la mano de Uke y la apresa moviendo su brazo a la misma velocidad que el atacante. (Figura 135).

Figura 135

La práctica de estos ejercicios, al igual que todas las técnicas de Aikido, requiere la conservación permanente del equilibrio perfecto, para lo que, en la posición de pie, tanto en reposo como en movimiento, el tronco ha de permanecer en el eje vertical que pasa por el centro de gravedad, evitando inclinarse adelante, atrás o a los costados lo cual se consigue flexionando las piernas.

El cuerpo en su totalidad ha de estar relajado –pero vivo– flexible y dispuesto a reaccionar a la más mínima oportunidad. En las técnicas de neutralización, cuando Tori se encuentra frente a Uke o detrás de él procurará que su hara esté más bajo que el de Uke, y lo mismo si Uke se encuentra al costado de Tori.

En todas las formas de integración con el movimiento de Uke, mediante la rotación o giro de la mano, el brazo o las caderas, la mente debe acompañar y mejor preceder este giro, de manera que, como enseña el maestro Tohei "... la mente se halle siempre por delante de la cara...".

Para crear el desequilibrio de Uke, Tori le ayuda a desplazarse en la dirección de su propio impulso (ki de Uke) moviendo el cuerpo o los brazos sin tirones ni sacudidas, sin resistir ni chocar con la fuerza del oponente, mediante un movimiento suave y continuo, recordando que "dirigir" no es "forzar, ni obligar".

KI MUSUBI. Es el proceso de unificación del propio Ki con el del oponente en el espacio y en el tiempo, excluyendo todo espíritu de dualismo y oposición.

La respiración es el lazo (Musubi) que permite unificar cuerpo y mente.

EJERCICIO N° 5. Uke va a coger la muñeca de Tori que se encuentra en la posición "A".

Tori percibe la intención y mueve su brazo "a la misma velocidad" a la posición "B" que es donde desea que se produzca el agarre. No debe precipitarse ni retirar bruscamente el brazo, porque Uke no seguirá e interrumpirá su ataque.

El cerebro de Uke, al ordenar a su brazo que agarre la muñeca de Tori, queda fijado en esa idea, por ello "persigue" la mano de éste cuando va de la posición "A" a la "B". (Figura 136).

Figura 136

EJERCICIO N° 6. Con este ejercicio se busca la armonía, la no-resistencia, y la adaptación inmediata a la intención del oponente.

Uke y Tori juntan las palmas de sus manos estando frente a frente.

Uno de los dos —previo acuerdo— toma la iniciativa y empuja, retira, sube, baja, etc. sus manos. (Figura 137).

El otro debe seguirle adaptándose sin resistir, y sobre todo sin perder el contacto de las palmas de ambas manos.

El ejercicio puede iniciarse con una sola mano, etc.

El que lleva la iniciativa debe intentar sorprender al otro, con los cambios más inesperados.

Figura 137

EL KI. KOKYU

"La fuerza del espíritu es la verdadera fortaleza".
KOICHI TOHEI

El significado de la palabra japonesa "KI" es muy complejo, y no tiene traducción literal a nuestro idioma. Los japoneses la emplean con frecuencia para expresar multitud de ideas y conceptos, ya que el "KI" es para ellos una energía de naturaleza cósmica y universal que da vida y alienta a todo lo existente. El hombre está recibiendo continuamente "KI", gracias al cual conserva vitalidad, aunque unas veces más y otras menos, según el grado de armonía que logre establecer consigo mismo y con el entorno.

El "KI" japonés es lo mismo que el "PRANA" en la India, o el "CHI" en China con su doble manifestación Yin y Yang.

Según la ciencia moderna, la energía que activa todo proceso mental o físico, tiene su orígen en las reacciones físico-químicas de las células nerviosas. Los estudiosos del tema afirman que el "KI" podría ser la energía magnética contenida en los gases nobles del aire.

Según el pensamiento esotérico, la energía es una vibración que oscila a diferentes velocidades. Todo lo que percibimos a través de los sentidos son ondas vibratorias. La Bioenergética considera al hombre, y a los seres vivos, como complejos sistemas dinámicos de energías procedentes de una única fuente universal.

El pensamiento es también vibración, y cada tipo de pensamiento tiene su correspondiente frecuencia vibratoria capaz de actuar e influir sobre el propio cuerpo. Cuando el espíritu está alterado (emociones, sentimientos negativos, etc.) las ondas generadas por el cerebro son irregulares y resulta difícil permanecer en calma.

El "KI" es un término de uso frecuente en el idioma japonés y en modo alguno es algo exclusivo del Aikido, para el que esta energía penetra y sale del cuerpo a través de la respiración en un flujo constante hacia el hara y de aquí al exterior. El organismo humano está en comunicación constante con el Universo, y todo cambio que se produce en la naturaleza afecta a su equilibrio a través del flujo y reflujo recíproco de las vibraciones de esta fuerza sutil.

La existencia del "KI" en el cuerpo se trasluce a través de la actitud habitual, la postura corporal y los gestos —establece la adopción de un tono muscular idóneo— y pertenece más al mundo físico de las sensaciones, que a las ideas místicas o intelectuales.

Para captar, sentir o fortalecerse con el "KI" es preciso sintonizar con la frecuencia adecuada, es decir, ser receptivo, creer que en el aire que se respira hay algo más que oxígeno, dejar que este principio vital —aunque sea mentalmente— alimente todas las células del cuerpo, y permitir que se establezca un flujo de recepción-emisión sin interrupciones, mediante la actitud sicosomática adecuada.

La importancia de este elemento es tal, que el maestro Ueshiba afirmaba:"Sin Ki no hay Aikido", por lo que al principio de cada entrenamiento se realizan ejercicios cuyo fin es captar esta energía a través de la respiración abdominal y de la toma de conciencia del hara como punto de unificación y coordinación cuerpo-mente.

Figura 138

Para los orientales el equilibrio sicosomático depende o se modifica, según cual sea el estado de recepción del Ki, cuya energía fluye o circula por unos canales que recorren el cuerpo llamados meridianos.

Cuando los miembros del cuerpo están rígidos o el estado mental es negativo, estos canales quedan como obstruidos, la vitalidad decrece y los movimientos son torpes y pesados.

Todas las técnicas de Aikido buscan servirse de esta energía universal que, como hemos visto, no tiene nada de mágica ni misteriosa, y que para obtenerla basta con adoptar una actitud basada en:

- La postura del cuerpo y el tono muscular semirelajado (concentración en el hara).
- La respiración abdominal, profunda, lenta y tranquila.
- La mente en estado receptivo (capaz de visualizar).
- La calma y la paz interior (armonía consigo mismo).

Se visualiza la captación de esta energía que se encauza hacia el hara, desde donde irradia a todo el cuerpo vitalizándolo y fluye ince-

santemente al exterior a través de los brazos en extensión –semiflexio-
nados– en un movimiento combinado de extensión-rotación, dirigiendo
siempre la mirada en la dirección hacia la que se proyecta el Ki, en
perfecta simultaneidad con la respiración, estableciendo un intercambio continuo según este principio enseñado por los grandes maestros
de Aikido: "Dar lo que se recibe, para volver a recibir y dar...".

Muchos aikidokas, que no aciertan a comprender el sentido de este
proceso preguntan: ¿Qué puedo hacer para aumentar o desarrollar mi
Ki...? evidenciando así el concepto extraño que se tiene al respecto. La
respuesta que dan los expertos en el tema es tan sencilla como
orientadora. El Ki no es algo que podamos almacenar en alguna parte
del cuerpo y con ello acrecentar nuestra potencia hasta límites sor-
prendentes, la dosis de Ki que cada persona es susceptible de recibir
es siempre la misma, y no "aumenta" o "disminuye" a capricho, y todo
se reduce a saber "cómo captar" la ración que nos pertenece dispo-
niendo cuerpo y mente según los requisitos indicados.

"Desarrollar" el Ki, no es otra cosa que utilizar positivamente el
espíritu, la mente y el cuerpo. Los expertos afirman que para facilitar la
capacidad de revitalizarse con el Ki es preciso creer que así está
sucediendo, sin que ello suponga un truco de sugestión.

EJERCICIO DE VISUALIZACIÓN

El flujo del Ki llega al cuerpo y sale de él a través de la respiración.

Durante la inspiración –con un acto de voluntad– visualizar mentalmente el Ki descendiendo con el aire y llenando el hara (la visualización consciente produce verdaderos cambios fisiológicos).

Mantener el Ki en el hara durante cinco segundos, visualizando la
acumulación de energía en este centro.

Exhalar lentamente el aire, visualizando como esta energía sale del
hara hacia arriba al exterior a través de los brazos y los dedos de las
manos.

KI NO NAGARE. (El flujo permanente del Ki).

Esta expresión viene a indicarnos que los movimientos de Aikido
nacen en el hara y se materializan en trayectorias circulares dejando
que el Ki fluya al exterior ininterrumpidamente (visualización) para
evitar ser influenciado por el ki del oponente.

LA RESPIRACIÓN

Hay muchos factores que en el hombre adulto alteran su respiración normal, el nerviosismo, las emociones, los diferentes estados

anímicos, el ejercicio físico, la enfermedad, etc. Un gran porcentaje de personas respiran mal.

El ejercicio físico acelera la respiración a causa de la mayor necesidad de oxigenación de los músculos. Esta necesidad de oxigenación de los músculos se incrementa en proporción a la intensidad del esfuerzo hasta incluso 8 ó 10 veces más de la necesidad normal en reposo.

La contracción muscular libera ácido carbónico en cantidad proporcional a la intensidad del ejercicio, que va a parar a la sangre y ésta al pasar por el bulbo raquídeo excita el centro nervioso de la respiración a un ritmo igualmente proporcional a la cantidad del ácido contenido en la sangre activando por acción refleja los músculos que intervienen en la inspiración.

El ejercicio físico intenso acelera el ritmo de la respiración por:

a) Una mayor necesidad de oxígeno.
b) Aumento de la tasa de ácido carbónico en la sangre.

Tan pronto como se altera el equilibrio entre la producción de ácido carbónico (ácido láctico) en aumento, y su eliminación a través de los pulmones en disminución, aparece la fatiga y el sofoco (en casos extremos, sensación de angustia, vértigos y desvanecimientos).

Cuando ocurre esto, se experimenta una gran necesidad de tomar aire, y la inspiración resulta fácil y amplia, pero la expulsión resulta dificultosa y, en general, insuficiente.

Los músculos inspiradores son activados profundamente por el reflejo del bulbo raquídeo desencadenado al detectar un aumento de ácido carbónico en la sangre, pero la fase de espiración queda relegada a su función pasiva, que como vemos es insuficiente para eliminar el exceso de ácido carbónico y los deshechos tóxicos producidos por la actividad muscular.

Por ello para retrasar la fatiga y mantener el mayor tiempo posible el equilibrio entre el consumo de oxígeno y la eliminación de ácido carbónico, es necesario adoptar un ritmo tal que el tiempo de inspiración sea igual al de la espiración, e incluso este último algo más prolongado para ayudar a expulsar en su totalidad el aire viciado de los pulmones. Es decir un ritmo respiratorio de gran amplitud (inspiración y espiración lentas y profundas) y de menor frecuencia, naturalmente sin forzar nunca ni contrariar la necesidad fisiológica.

Toda tensión síquica, emocional, crisis o conflicto afectan a la respiración, alterando su ritmo y amplitud a causa de la estrecha interdependencia mente-cuerpo.

El budoka debe de ser consciente y dueño de su respiración para:

1) Adaptarla convenientemente a los gestos del arte marcial que practica.

2) Recibir y proyectar la energía (Ki) que recibe por la respiración abdominal, profunda, lenta y consciente.

El Ki –como ya se ha dicho– se capta y fluye al exterior a través de la respiración y de la idea o imagen mental de que así sucede (visualización). Durante el entrenamiento es fundamental coordinar los movimientos con la respiración:

a) Antes de iniciar cualquier acción se espira brevemente.

b) Al iniciar la acción se inspira. Inspirar se corresponde con los movimientos de avanzar, elevar, abrir, prepararse, aspirar al "otro", etc.

c) En la fase media-final de la acción se espira al ritmo o velocidad del movimiento y corresponde a las acciones de retroceder o avanzar, bajar, flexionar, empujar, expandir, etc.

KOKYU. KO = Espirar; KYU = Inspirar.

Kokyu significa potencia respiratoria, aunque no únicamente en el sentido físico de la expresión. También podría decirse que es la respiración ideal que deberíamos adoptar no sólo para la práctica del Aikido sino para todas las circunstancias de la vida. En síntesis el proceso es el siguiente:

Inspirar por la nariz, el diafragma empuja el vientre hacia abajo y hacia adelante, visualizando la imagen mental indicada más atrás.

Hacer una brevísima pausa sin retener el aire (el Ki vigoriza el cuerpo).

Expulsar el aire por la nariz o por la boca concentrándose en una espiración lenta y prolongada. (El Ki fluye al exterior potenciando la acción del cuerpo).

La respiración, además de ser un proceso vital de intercambio de gases en el organismo, posee muchas otras cualidades sicosomáticas tales como: facilitar la coordinación motriz, la unificación cuerpo-mente, permite mantener la calma y el autodominio en situaciones de peligro o dificultad, permite controlar o neutralizar la ansiedad y la excitación nerviosa, facilita una utilización más eficaz de la energía, así como la toma de conciencia del estado del cuerpo, permite la concentración en el "aquí y ahora" (estado de alerta óptimo), etc.

KOKYU GO AU. Es el acto de unificar o armonizar la propia respiración con la del "otro" (amplitud, frecuencia y coincidencia de fases) y por extensión identificarse con su actitud, sus intenciones y su pensamiento.

SUCHO RYOKI. Significa ser capaz de concentrar la energía (Ki) desarrollada por la respiración, sobre un punto o parte específica del propio cuerpo o del cuerpo del oponente, para lo que se recurre a la visualización de tal acto.

KOKYU RYOKU. Esta expresión quiere darnos a entender que es

Figura 139

posible incrementar la energía corporal en un momento dado, gracias al uso correcto de la respiración. Es como una ampliación de la energía integral del hombre que sabe actuar coordinando toda su potencia física y mental mediante la concentración de su pensamiento en el abdomen (hara) y el control de la respiración, y naturalmente una postura corporal correcta.

Jumbi Dosa o Kokyu Dosa es el ejercicio más recomendado para adiestrar KOKYU RYOKU.

KOKYU DOSA. (KOKYU HO)

Los maestros japoneses recomiendan practicar este ejercicio todos los días, ya sea al comienzo o al finalizar la clase de Aikido.

Uke y Tori se arrodillan (za-ho) uno frente al otro, sentándose sobre los talones, el dedo gordo del pie izquierdo sobre el dedo gordo del pie derecho, el tronco vertical, ligeramente inclinado hacia adelante.

Uke apresa con sus manos las dos muñecas de Tori.

Tori debe procurar ignorar mentalmente a Uke –como si no existiera–, se concentra en el hara, hace que sus brazos adopten una postura inflexible para actuar en movimiento de extensión-expansión (los codos o muñecas flexionados impiden o perturban el flujo del Ki al exterior) se armoniza con su respiración y... proyecta toda su potencia hacia adelante, empujando más con las caderas –sin levantarlas– y los codos que con las manos, visualizando la imagen mental de estar empujando y moviendo una gran roca... (Figura 140).

A veces convendrá iniciar el movimiento "cediendo en la misma dirección de la fuerza de Uke, para situarse por debajo de él". (Figura 141).

Figura 140

Figura 141

Aunque no hay secretos, Tori procurará que:

– Sus codos y seika-tanden estén más bajos que los de Uke.
– Sus brazos estén extendidos y los de Uke flexionados.
– No retener la respiración. (Figura 142).

EJERCICIO N° 1. Uke y Tori en Za-ho uno frente al otro. (Figura 143).
Uke apresa a Tori en Ryote-Dori.
Tori coloca sus manos (tegatana) una sobre la muñeca de Uke y otra hacia el hombro opuesto, proyecta su Ki "como para mover una gran roca" y le derriba en dirección oblícua hacia atrás.

EJERCICIO N° 2. Uke y Tori en la misma posición anterior. Uke apresa a Tori en Katate Ryote Dori. Tori dirige su Te-gatana hacia el cuello de Uke... "como para derribar una gran pared" y le derriba en oblícuo hacia atrás. (Figura 144).

Figura 142

Figura 143

Figura 144

TEST DE KI

Objetivo. Adiestrar de manera práctica y palpable la concentración de la mente en el hara (seika-tanden) y la proyección del Ki al exterior.

Actitud mental. Pensar o visualizar que la energía sale del Seika-tanden y pasando a través del tronco y de los brazos que se mantienen relajados, como simples canales de tránsito, sale por la punta de los dedos con tanta fuerza como para llegar al infinito...

Postura corporal. El cuerpo vertical bien equilibrado sobre ambos pies, los brazos relajados —con el tono muscular mínimo para que permanezcan inflexibles— dejando caer todo el peso del cuerpo hacia el suelo, como si uno estuviera anclado o enraizado en la tierra.

La respiración. Ha de ser abdominal, profunda, lenta, acompasada, sin alteraciones ni retenciones, en armonía con la imagen mental que se está visualizando.

TEST N° 1. Uke intenta flexionar por el codo el brazo inflexible de Tori. (Figura 145).

TEST N° 2. El mismo ejercicio anterior pero con dos Ukes. (Figura 146).

TEST N ° 3. Tori mantiene el brazo extendido horizontalmente hacia un lado.
Uke intenta hacer bajar el brazo de Tori. (Figura 147).

TEST N° 4. Tori mantiene el brazo extendido horizontalmente hacia adelante, los pies paralelos a la misma altura.
Uke intenta hacer girar o desplazar el brazo de Tori. (Figura 148).

TEST N° 5. Tori mantiene el brazo caído y relajado junto a su cuerpo. Uke intenta flexionar dicho brazo por el codo. (Figura 149).

TEST N° 6. Tori, con los brazos caídos junto a su cuerpo, imagina estar anclado en el suelo.
Dos Ukes intentan levantar o despegar su cuerpo del suelo. (Figura 150).

TEST N° 7. Tori con sus brazos extendidos en cruz.
Dos Ukes intentan flexionar sus brazos por los codos. (Figura 151).

TEST N° 8. Tori mantiene los dedos índice y pulgar de sus manos enlazados como dos eslabones de una cadena de hierro.
Dos Ukes intentan romper y separar esos eslabones... (Figura 152).

TEST N° 9. Tori coloca sus manos como si estuviera sujetando una esfera por los extremos opuestos.
Los dos Ukes intentan juntar las palmas de las manos de Tori. (Figura 153).

TEST N° 10. Tori, con el pie izquierdo adelantado y el brazo extendido con el dorso de la mano hacia adelante, soporta el empuje hacia arriba de la mano de Uke. Tori puede levantar el pie izquierdo del suelo. (Figura 154).

TEST N° 11. Tori, con los pies a la misma altura y los brazos levantados, soporta el empuje de Uke. (Figura 155).

TEST N° 12. Tori, en la misma postura que en el Test n° 10, soporta el empuje de Uke que actúa aplicando sus dos manos.
Tori ha de ser capaz de resistir apoyado sobre el pie derecho. (Figura 156).

TEST N° 13. Tori, en la misma posición que para el Test n° 10, transmite el impulso o fuerza de Uke, a su pie retrasado, lo que le da una sensación de gran potencia y estabilidad. (Figura 157).

TEST N° 14. Tori en Za-ho.
Uke de pie aplica las palmas de sus manos sobre la frente de Tori y empuja...
Tori resiste proyectando su ki a través de la frente. (Figura 158).

TEST N° 15. Tori de pie, relajado, imagina que está anclado en el suelo o que pesa como una montaña.
Uke cogiéndole por la cintura intenta levantarlo. (Figura 159).

TEST N° 16. Uke acostado boca arriba en el suelo intenta darse la vuelta o levantarse.
Tori coloca sus manos (te-gatana) sobre el tronco de Uke

(brazos inflexibles) y se lo impide proyectando su ki a través de sus manos. (Figura 160).

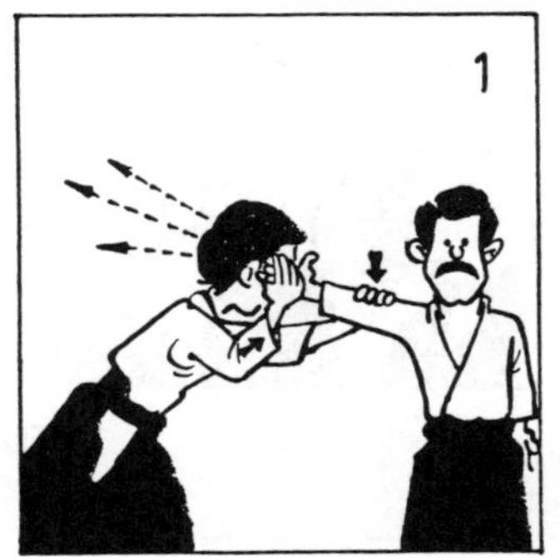

Figura 145

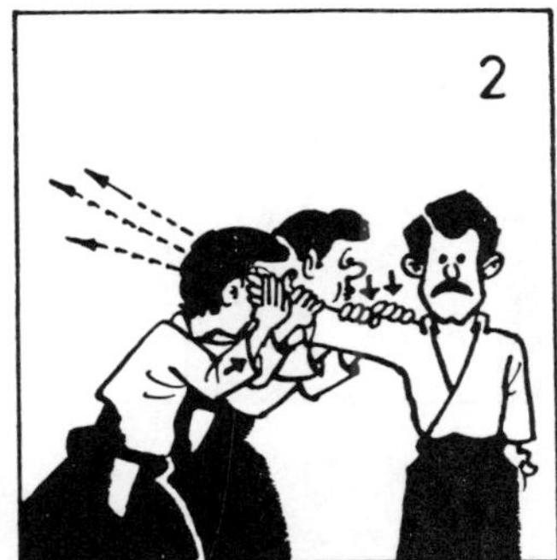

Figura 146

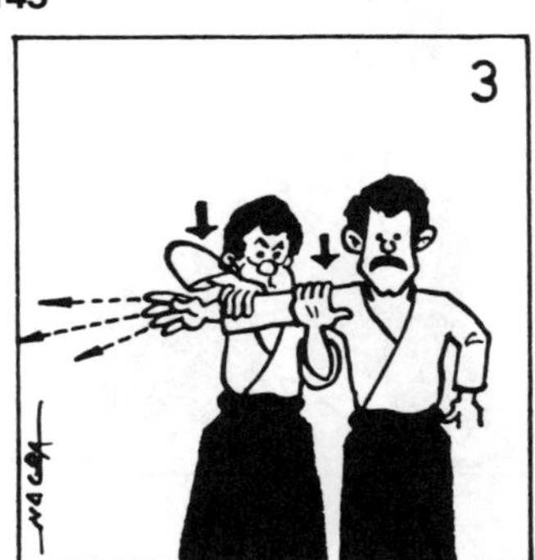

Figura 147

Figura 148

Figura 149

Figura 150

Figura 151

Figura 152

Figura 153

Figura 154

Figura 155

Figura 156

Figura 157

Figura 158

Figura 159

Figura 160

NEUTRALIZACIÓN DEL KI DE UKE

Principio para todos los casos:

Tori se mantiene relajado, apoya sus manos bajo los codos de Uke y hace una ligera presión en el mismo sentido de la fuerza que aplica Uke.

TEST N° 1. Uke intenta desequilibrar a Tori empujándole sobre los hombros hacia atrás. (Figura 161).

TEST N° 2. Tori en Za-ho.
Uke de pie intenta derribarlo empujándole sobre los hombros. (Figura 162).

TEST N° 3. Tori de pie totalmente relajado.

Uke le agarra con sus manos por la cintura e intenta levantarlo del suelo. (Figura 163).

TEST N° 4. Tori sentado en el suelo con las piernas estiradas.

Uke de pie intenta derribarlo empujándole sobre los hombros.

La reacción producida —en todos los casos— al unir el Ki de Tori con el de Uke (actuando en la misma dirección) lo anula, y hace que se vuelva contra él. (Figura 164).

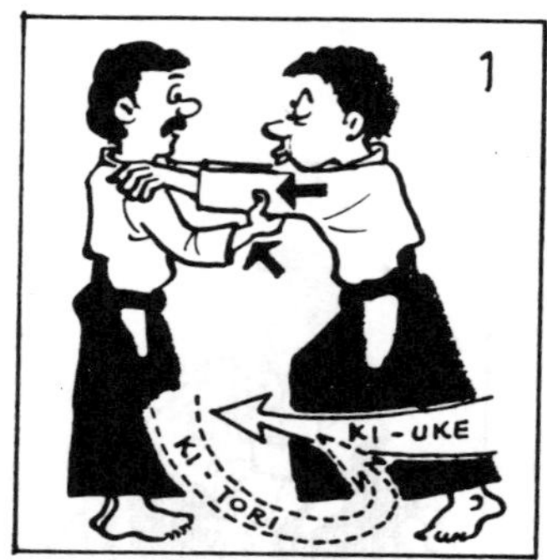

Figura 161

Figura 162

Figura 163

Figura 164

CAPÍTULO XV

HARA

"El sentido que traduce la palabra Hara, es el de una disposición general del hombre en el cuerpo que él es".

K. GRAF DURCKHEIM

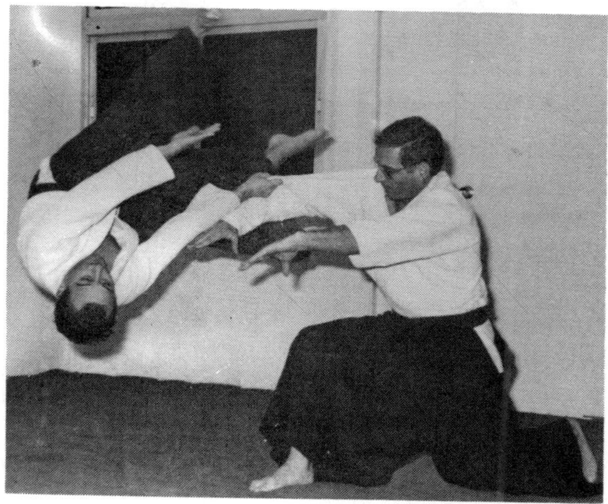

Figura 165

Cuando profesor y alumnos se encuentran en "seiza" ocupando sus respectivos lugares en el "dojo", la primera acción que realizan, incluso antes que el saludo, es "Mokuso" (Mushin no kokoro) o breve meditación por un espacio de dos o tres minutos, cuyo objetivo esencial es establecer la calma interior y la armonía sicosomática, mediante la respiración y la toma de conciencia o concentración de la mente en el hara.

En estos instantes, cada uno intenta olvidar los problemas y preocupaciones cotidianos buscando hacerse presente aquí y ahora con ayuda de la respiración. (Figura 165).

UNIFICACIÓN CUERPO-MENTE

Cuerpo y mente, o cuerpo y espíritu, no son la misma cosa, pero son interdependientes e inseparables. El progreso en cualquier orden de la vida, y naturalmente también en el Aikido, exige la armonía y equilibrio más perfecto entre el cuerpo y la mente del practicante.

¿Cómo unificar el cuerpo y la mente...? ¿Qué hacer para conseguirlo...?

Los maestros de Aikido proponen este método que como podrá comprobar el lector, se revela verdaderamente eficaz:

a) Adoptar la postura "seiza", manteniendo todo el cuerpo relajado, la columna vertebral bien derecha y los ojos cerrados. (Figura 166).

b) Inspirar por la nariz lenta y profundamente, enviando el aire hacia el abdomen (respiración abdominal).

c) Espirar por la boca, de manera lenta y prolongada, forzando un poco al final, como queriendo vaciar completamente los pulmones.

d) Pausa de un segundo y vuelta a repetir el proceso diez veces.

e) Tomar conciencia de una ligera y constante tensión abdominal en el Seika Tandem.

f) Abandonar el proceso voluntario del pensamiento, no pensar en nada, no desear nada, abandonarse concentrando la mente en el Seika Tandem "aquí y ahora".

Este ejercicio puede practicarse igualmente en posición de pie, acostado, sentado, caminando, e incluso en un tiempo de reposo en momentos de apuro o dificultad para recuperar la calma, la lucidez y el valor.

Según el maestro Tohei, basta concentrar la mente o el espíritu en una parte de nuestro cuerpo, con una determinada intención, para que efectivamente se produzca un aumento de la capacidad física en el sentido deseado.

EL HARA. Desde las épocas más remotas, para los japoneses, el abdomen (hara) reviste una importancia especial, pues lo consideran como un segundo cerebro que rige y afecta a muchos aspectos de la vida del hombre.

Afirman que en esta zona se realiza la unidad cuerpo-mente, y sin la plena conciencia de este centro, es imposible identificarse con el auténtico "yo" que vive en cada hombre.

El concepto japonés de "hara" (abdomen), comprende lo físico, lo anímico y lo espiritual, y va más allá de la simple localización anatómica del centro de gravedad físico del cuerpo.

Figura 166

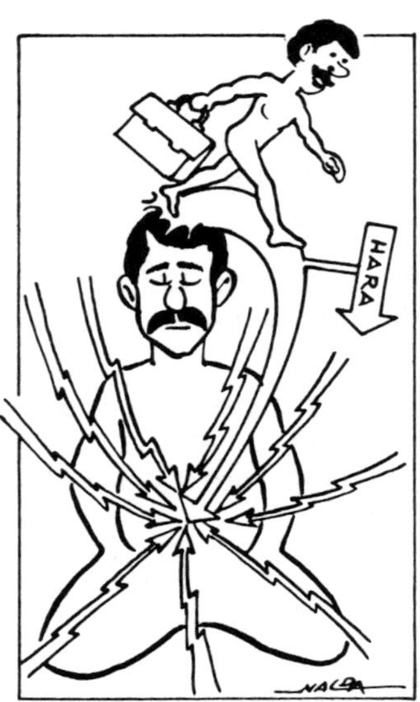

Figura 167

El maestro Ueshiba se refería a este punto concreto del abdomen, situado unos 4 centímetros por debajo del ombligo como el "Seika-Tandem". El maestro Koichi Tohei identifica el mismo punto bajo el nombre de "Seika-no-item".

El hara es considerado como:

- El centro sicosomático del hombre (centro de unificación del cuerpo y de la mente). (Figura 167).
- El centro de energía, equilibrio y movimiento.
- La base del carácter y la actitud habitual frente a la vida (siquismo).
- El punto donde hay que concentrar permanentemente el pensamiento, la mente, el espíritu o la conciencia.

En Aikido se enseña que el adversario en acción es como una esfera que viene hacia nosotros, cuyo centro de movimiento es su hara.

Pero el aikidoka, además del conocimiento teórico o intelectual de estos conceptos, necesita "palpar" la realidad de tales afirmaciones.

Afortunadamente la idea, la sensación y el dominio del hara pueden ser educados mediante ejercicios destinados a tal fin basados en:

- La observación y adopción de las posturas y los gestos correctos para cada circunstancia.
- El tono muscular idóneo y la respiración abdominal.

– Una actitud mental positiva en todo instante y circunstancia.
– La toma de conciencia de sí y de la propia energía.
– Estar presente "aquí y ahora", siempre, siempre...

El lector encontrará en mi libro "BUSCAS UN MAESTRO" ejercicios específicos Hara Gei.

Los objetivos que persigue tal adiestramiento son de gran valor, tanto para la práctica del Aikido, como para todas las situaciones de la vida ya que supone:

– Alcanzar un alto grado de autoconciencia y autodominio.
– Una mayor capacidad de comprensión, discernimiento y tolerancia.
– Disponibilidad inmediata para decidir y reaccionar ante lo imprevisto.
– Disponer del coraje, el valor y la decisión necesarios en los momentos difíciles.

Cuando se dice que es preciso concentrar la mente o el espíritu en el hara, se quiere indicar ante todo, que hay que "sentir" ese punto como el centro del cuerpo, de la energía, del equilibrio, del movimiento, del valor y la decisión, lo que traerá aparejado sin duda, la postura corporal y la actitud mental correctas.

Una vez se alcanza este estado de concentración o conciencia, sin intervención de la voluntad, las energías naturales surgen libres del bloqueo al que estaban sujetas por el dominio del "ego" (miedo, vanidad, falta de atención, etc.). (Figura 168).

Figura 168

CAPÍTULO XVI

HYOHO (LA ESTRATEGIA)

"El enemigo debe ignorar dónde quiero librar la batalla".

(El arte de la guerra) SUN TZU

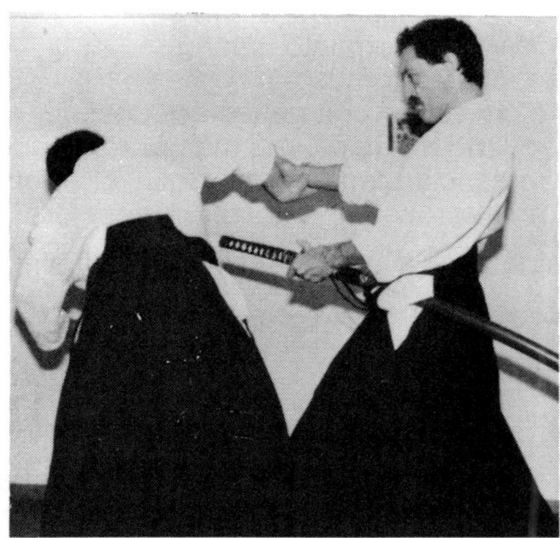

REQUISITOS FUNDAMENTALES

"Hay que entrenarse en la táctica para que sea útil en cualquier momento, y hay que enseñarla de tal manera que sea aplicable a todos los dominios" (Miyamoto Musashi).

El estudio y aprendizaje de las técnicas de Aikido de manera aislada y predeterminada está bien para aprender las bases y perfeccionar el estilo, pero cuando el aikidoka alcanza el grado de Cinto Negro, si realmente quiere progresar, debe trascender esta forma de entrenamiento, e iniciar el estudio y la práctica de la "estrategia de combate", profundizando su sentido y dominio de:

- La distancia.
- La velocidad y el ritmo de la acción.
- El conocimiento intuitivo del oponente (peso, agilidad, estado de ánimo, intenciones, posibilidades, etc.).
- El momento decisivo del contacto (timing).
- La autoconfianza, el autodominio.
- El entrenamiento constante con ganas de "descubrir".
- La realización de randoris cada vez más aproximados a la realidad —excluyendo la violencia ciega— en los que el oponente reaccione como un verdadero agresor sin dar facilidades.

En toda acción defensiva intervienen la mente y el cuerpo con su rol correspondiente:

Función de la mente:

- Estado de alerta máxima y permanente.
- Ausencia de intenciones a priori.
- Dominio emocional (miedo, cólera, etc.) y presencia de espíritu.
- Percepción-evaluación del ataque y reacción inmediata sin intervención del pensamiento consciente.

Función del cuerpo:

- La defensa ha de ser idónea, instantánea, decidida, firme y enérgica, capaz de neutralizar el ataque de manera absoluta.
- El atemi es casi imprescindible en todas las técnicas de Aikido, por lo que no conviene omitirlo en los entrenamientos. (Figura 169).
- Conservar el tronco bien derecho y la nariz en la vertical del ombligo, son la condición indispensable del equilibrio y la disponibilidad, flexionar las piernas pero nunca inclinar el tronco adelante o a los lados.
- Mantener constantemente la actitud de brazos inflexibles. (Figura 170).

Figura 169

Figura 170

- Antes de proyectar al oponente, es necesario dispersar su energía hacia el exterior, a ser posible de forma circular, girando alrededor del hara.
- Hacer que se produzca el contacto con el oponente en dirección tangencial para dispersar y extender su Ki al exterior.
- No resistir, no oponerse, no forcejear ni contrariar las acciones del oponente, sino integrarse en ellas.
- Mantener la concentración –conciencia– en el abdomen y controlar la respiración procurando que sea imperceptible para el oponente.
- El hara es el centro de unión del cuerpo y de la mente, y donde han de converger o partir todas las acciones.
- Proyectar siempre el Ki al exterior, con la mente por delante del cuerpo, y siempre en la dirección hacia la que se va a actuar.

- Mantener siempre la distancia ideal para cada situación.
- Neutralizar al oponente en un tiempo inferior a tres segundos, pasado el cual se producirá la resistencia o el contraataque del adversario que hará fracasar la técnica.

CÓMO CREAR EL DESEQUILIBRIO DE UKE ANTES DEL CONTACTO

Ejemplo: Uke viene hacia Tori para cogerle en Katate Dori.

a) Si Tori espera estático, sin mover su cuerpo ni su mano, Uke le agarrará con toda su potencia y estabilidad, desequilibrándole.
b) Pero si Tori, inmediatamente después que Uke inicia el ataque, y antes que le alcance, mueve su cuerpo y su mano –aunque sólo sea unos centímetros– en sentido tangencial o perpendicular a la dirección que viene Uke, éste necesitará corregir su trayectoria en el último instante y se desequilibrará perdiendo potencia y precisión.
Para ello se requiere:
a) Que el ataque se produzca desde una cierta distancia –mínimo, dos o tres pasos– (Uke viene hacia Tori).
b) Tori espera que Uke inicie el ataque, y se mueve inmediatamente después –antes de ser cogido– para obligarle a corregir su trayectoria y precipitar su acción. (Figura 171).

Figura 171

EL TONO MUSCULAR DE LOS BRAZOS EN AIKIDO

En la práctica del Aikido, Tori debe mantener siempre su brazo en actitud inflexible, relajado pero inflexible, que no quiere decir tenso ni rígido, porque gracias a esa inflexibilidad podemos colocar el cuerpo, ya sea en Irimi o en Tenkan, en la postura correcta de no-resistencia.

Porque gracias a ese tono muscular tan especial captamos y descubrimos la trayectoria de la intención de Uke y la solidez o fragilidad de su agarre.

Porque moverse o actuar con los brazos inflexibles permite acompasar la respiración a los giros o movimientos de cada técnica. (Figura 172).

Figura 172

Porque si ante un agarre flexionamos el brazo es apresado por el codo, dirigiremos incorrectamente y muy mal al oponente, y lo que es peor, todos los giros o posturas de nuestro cuerpo o serán forzados e incorrectos además de poco eficaces.

La proyección de la energía (Ki), de manera verdaderamente eficaz y racional sólo es posible utilizando o accionando los brazos en actitud inflexible.

LA ESTRATEGIA

Ya hemos visto que las técnicas de Aikido se aplican en movimiento, es decir, Tori al percibir el avance de Uke hacia él con intención de atacar, se moverá en dirección oblícua o en círculo, de manera que le induzca a acelerar y precipitar su acción. Veamos algunos ejemplos:

Caso 1°. Uke viene hacia Tori para atacar.

Tori decididamente da un paso adelante y extiende el brazo, colocando su mano derecha a la altura de la cabeza, como queriendo golpear o detener a Uke. (Figura 173).
Uke dirige sus manos hacia ese obstáculo para quitarlo de en medio.
Tori en el mismo instante del contacto hace Ikkyo en Omote o en Ura, dependiendo de la resistencia o impulso de Uke (conservando siempre el brazo inflexible).

Figura 173

Caso 2°. Uke viene hacia Tori para atacarle.
Tori da un paso adelante y coloca su mano como para detener o golpear a Uke.
Uke dirige su mano derecha hacia la de Tori para quitarla de en medio.
Tori en el instante del contacto "cede", pivota en Ura y hace Irimi-Nage (conservando siempre el brazo inflexible).
Caso 3°. Uke viene hacia Tori para atacarle.
Tori da un paso adelante y levanta su mano derecha para detener a Uke.
Uke quiere quitar esa mano según indica el dibujo. (Figura 174).
Tori "cede" manteniendo el brazo inflexible y se integra en esa trayectoria continuándola hacia arriba y adentro y abajo exterior para hacer Kote Gaeshi.
Caso 4°. Uke viene hacia Tori para atacarle.
Tori procede igual que en el caso anterior para provocar la misma reacción de Uke.

Tori "cede" manteniendo el brazo inflexible, adelanta el pie izquierdo sobre el que pivota en Ura para hacer Shiho Nage. (Figura 175).

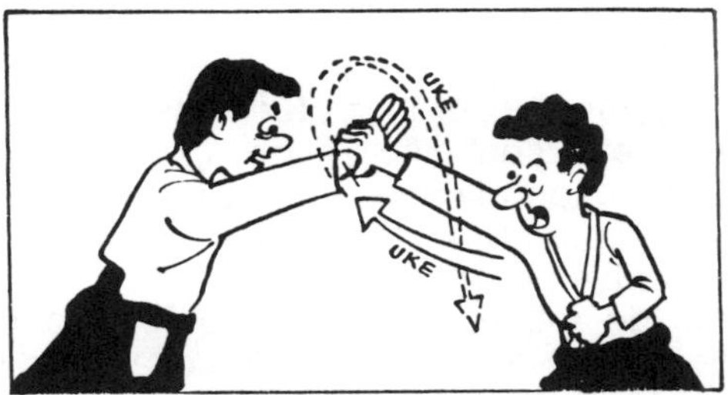

Figura 174

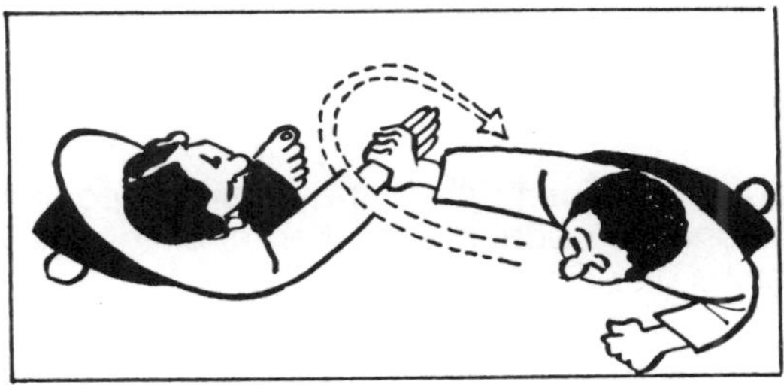

Figura 175

Caso 5°. Uke viene hacia Tori para atacarle.
Tori procede igual que en los casos anteriores para provocar la reacción de Uke, y cuando ésta se produce... Tori "cede" manteniendo el brazo inflexible para conservar la distancia y antes de que el brazo llegue abajo, pasa girando en Ura, por debajo del brazo (casi horizontal) de Uke para hacer Uchi Kaiten Nage.

En todos los casos Uke debe marcar atemis con su mano libre, si Tori tarda mucho en reaccionar, o le ofrece la oportunidad. Ese atemi mantendrá a Uke alerta en todo momento y dará a Tori la idea de la realidad y el timing.

LA TÉCNICA APROPIADA PARA CADA SITUACIÓN

No basta conocer una gama muy amplia de técnicas defensivas contra un determinado ataque, porque es más importante saber CUÁ-

LES SON LAS MÁS INDICADAS EN CADA CIRCUNSTANCIA, pues si en teoría todas las técnicas de Aikido sirven contra cualquier ataque, la verdad es que para tener éxito en cualquiera de ellas es preciso alcanzar un alto nivel de perfección.

Como norma general:

1) Contra golpes (puño, pie, etc.) las técnicas de control como Nikyo, Yonkyo, Gokyo, etc. son difíciles de aplicar, en cambio Ikkyo y Uchikaiten Sankyo son eficaces, y aún lo son más Kote gaeshi, e Irimi Nage, pero Ushiro Kiri Otoshi puede resultar difícil. Contra los golpes son preferibles las proyecciones.
2) Contra agarres de muñeca, solapa, hombro, por delante, o por detrás, etc. las proyecciones pueden resultar de difícil y engorrosa ejecución, siendo en estos casos más indicados los controles de tipo Nikyo, Ikkyo, Sankyo, etc.

CREAR LA OPORTUNIDAD

Crear la oportunidad es realizar una o varias acciones previas que haciendo reaccionar al oponente faciliten el éxito o la posibilidad de aplicar una técnica de Aikido. (Figura 176).

Figura 176

Cuando ya hemos sido apresados, o esquivamos tarde perdiendo la oportunidad de servirnos del impulso propio del oponente, nuestra técnica sólo tendrá éxito si sabemos crear las condiciones ideales de desequilibrio y sorpresa sobre el adversario.

La oportunidad puede crearse de diversas formas, pero las más apropiadas son:

1) Atemi previo, o simulacro de golpes (finta) para distraer y aflojar el agarre, e impedir ser golpeados por el oponente.
2) Por inducción a la resistencia, provocando una reacción de resistencia u oposición (por ejemplo, empujarle para que a su vez empuje, o tirar de él para que resista) cuya dirección de resistencia utilizaremos a nuestro favor según puede verse en las figuras 177 y 178.

Figura 177

Figura 178

PRÁCTICA

1) Comenzar el movimiento a distancia uno de otro.
2) En el preciso "instante de contacto", Tori empuja o tira para provocar la reacción de resistencia de Uke.

3) Aprovechamiento de la resistencia (fuerza y dirección) de Uke para realizar la técnica "de acuerdo o con la ayuda del oponente".

Ejemplos:

1. Katate Dori Shiho Nage. Tori empuja a Uke al ser cogido por éste.
2. Katate Dori Kote Gaeshi. Tori empuja a Uke al ser cogido por éste.
3. Katate Dori Nikyo. Tori empuja a Uke al ser cogido por éste.
4. Katate Dori Soto Kaiten Nage. Tori empuja a Uke al ser cogido por éste.

ESTRATEGIA EN RANDORI (COMBATE)

Durante el Randori o el combate, si Tori falla una esquiva y entra en contacto con Uke, su cuerpo debe ser como un receptor que percibe fielmente todos los mensajes que el cuerpo de éste transmite en cuanto a potencia, desequilibrio, dirección, velocidad, respiración, etc. para reaccionar del modo más conveniente.
Durante el Randori Tori procurará:

– Cambiar su ritmo de actuación de forma inesperada.
– Atraer el ataque de Uke al inspirar.
– Repeler el ataque de Uke al espirar.
– Mantener una buena actitud mental (Mushin).
– Regular imperceptiblemente su respiración para retrasar la fatiga.

El objetivo de Randori es lograr que Tori se identifique de tal modo con las secuencias ataque-defensa, acción-reacción, uniéndose, integrándose, o acompañando el ataque, hasta el punto que ambas acciones antagónicas se confundan en una sola en el momento de contacto.

Dirigir al oponente en la dirección deseada, significa "no obligarle por la fuerza" para no provocar su resistencia, y no impedir que siga el movimiento que ha de desequilibrarle.

Dirigirle es llevarle donde Tori desea –donde le conviene– con la colaboración del oponente no deseada pero inevitable, para ello no hay que actuar nunca "contra" la acción del adversario, sino realizar el movimiento "con su propio impulso." (Figura 179).

En agarres tipo Ryote Dori, no hay que precipitarse para soltar las manos apresadas, sino permitir a Uke que siga agarrando e iniciar el movimiento de los brazos con suavidad. Uke seguirá este movimiento que tiende a desequilibrarle sólo si "nota" que puede seguir apresando las manos.

Pero si Tori se zafa con rapidez (brusquedad o precipitación) y después agarra sus muñecas para desequilibrarle, su reacción inme-

Figura 179

diata será resistir, y no seguirá el movimiento en el que Tori pretende iniciarle.

Ante un golpe de Uke (Shomen, Tsuki, Yokomen, etc.) para coger la mano atacante, o el brazo, con tiempo suficiente antes que golpee con la otra libre, es de todo punto necesario marcarle, o darle un atemi, cuyo efecto permitirá a Tori entrar, proyectar o controlar.

Contra varios atacantes. Tori evitará estar quieto, sin moverse, no esperará a que cada adversario llegue hasta él para atacarle, sino que irá hacia cada uno en dirección oblícua o tangencial.

Tori debe moverse hacia cada oponente inmediato, anticipándose a su iniciativa de ataque, no dejando que se prepare, obligándole a improvisar... jugando con la distancia dinámica, alejándose y acercándose (como las olas) para coger impulso en el desplazamiento de aproximación.

Tori, aún yendo hacia Uke, puede pivotar hacia atrás con energía —al contactar con el oponente— sabiendo que la masa de su cuerpo con el impulso de giro creará una fuerza centrífuga suficiente para arrastrar a Uke. (Figura 180).

El espíritu (la mente) de Tori debe trasladarse instantáneamente del oponente ya proyectado al siguiente que se aproxima, ocupándose ya sólo de éste, sin acordarse del anterior ni fijarse en el siguiente o en dos a la vez. Actuará sin pensar en las técnicas, con la única intención de unirse a Uke, "hacerse uno con él" en la misma dirección y velocidad.

Errores a evitar en Randori:

1. No recuperar la distancia suficiente después de haber proyectado a Uke.

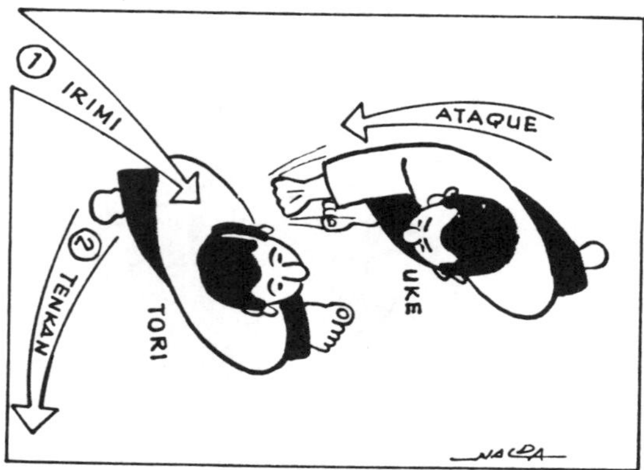

Figura 180

Figura 181

---

2. Falta de giro del cuerpo de Tori cuando es apresado, quedándose bloqueado o reaccionando demasiado tarde. Hay que seguir a Uke y unirse a él.

3. Fatiga o agotamiento prematuro por falta de control de la respiración o excesiva rigidez muscular.

4. Pensar en cómo reaccionar (fijación mental = perturbación muscular) por querer hacer "a priori" una determinada técnica.

5. Quedarse quieto –estático– esperando el ataque de Uke.

6. Al defenderse de varios adversarios que atacan golpeando (Shomen, Tsuki, etc.) no limitarse a esquivar, porque el atacante se recuperará inmediatamente –antes que Tori haya concluido su tai-sabaki– y reaccionará golpeando de nuevo. Tori aprovechará cada

ataque de Uke para desequilibrarle, proyectarle o inmovilizarle si es posible en menos de tres segundos, y haciendo frente inmediatamente a los otros.

7. Cuando en el encuentro (ataque de Uke) no hay un resultado inmediato y rápido, no perder tiempo persistiendo en una técnica que el otro ha descubierto y a la que se resiste, es preciso separarse y marcar otra vez las distancias.

8. Si el atacante es un mal colaborador, o ataca de manera realista que no hay forma de aplicar ninguna técnica, se le dará un atemi con el pie o mano libre por sorpresa, para aflojar sus agarres.

9. En todo tipo de agarres de muñeca, pero en especial los que se producen por detrás (Ushiro), hay que evitar separar o alejar las manos del cuerpo, para ello la primera intención de Tori al sentirse apresado, ha de ser colocada la mano, o las manos cogidas delante del hara, como "queriendo tapar el ombligo", y después subir o elevar el brazo por el centro o eje del cuerpo. (Figura 182).

Figura 182

KOGEKI HO. (Formas de ataque)

¿Por qué existen tantos agarres de muñeca en Aikido? Es sabido que este método de combate tiene su origen en las técnicas del sable utilizado por los samurais, del que no se desprendían en ningún momento de su vida.

Así que todo aquél que quisiera atacar a un samurai había de contar con que la primera acción defensiva de éste, sería la de desenvainar su katana y servirse de ella.

Por tanto, era imprescindible evitar que desenvainase el sable, sujetando la mano que había de empuñarlo y así nacieron:

1°. KATATE DORI desde un costado, al cruzarse con el samurai y antes que éste llevase su mano a la empuñadura.

Figura 183

2°. AI HAMMI KATATE DORI, al cruzarse con el samurai que tenía la intención de desenvainar empuñando la Tsuka.

Figura 184

3°. KATATE RYOTE DORI. Cuando el samurai tenía su sable casi desenvainado.

Figura 185

4°. RYOTE DORI. Atacando al samurai por sorpresa con rapidez.

Figura 186

5°. USHIRO KATATE DORI KUBI SHIME. Escapando de la intención de ataque cuando el samurai empezaba a desenvainar.

Figura 187

¿Por qué siempre se agarra la mano que está más adelantada...?

Porque como puede apreciarse en los dibujos, esa mano era la que estaba más próxima al que iba a ser atacado por el samurai.

El samurai utilizaba también la Tsuka (empuñadura del sable) para golpear de punta o de canto el tronco, las manos o la cara del adversario, y para presionar o empujar en sustitución de su mano izquierda.

A continuación el lector puede apreciar como se producen estos ataques en la práctica del Aikido actual.

KATATE DORI

Figura 188

AI HANMI KATATE DORI

Figura 189

KATATE RYOTE DORI

Figura 190

Figura 191

Figura 192

Figura 193

TOKUI-WAZA. (PERFECCIONAMIENTO DEL ESTILO)

Es la realización correcta, eficaz y bella de los gestos y las técnicas, para lo que es imprescindible tener una imagen clara y definida del propio esquema corporal, así como una excelente coordinación óculo-muscular.

La destreza corporal mejora con la automatización de los movimientos específicos de cada técnica, de ahí la necesidad de repetir miles de veces el mismo gesto o acción.

Si el movimiento global es muy complicado, puede descomponerse en vàrias fases progresivas y aprenderlas aisladamente, aunque acabando siempre por realizar el movimiento completo.
La falta de destreza se debe a:

– Falta de atención y motivación.
– Desequilibrio corporal o síquico.
– Emotividad incontrolada.
– Miedo al movimiento, fatiga, etc.

El aprendizaje y perfeccionamiento de un gesto o de un movimiento puede verse favorecido por la realización del mismo a cámara lenta, o a la mínima velocidad posible.
FASES DEL MOVIMIENTO. En la realización de cada técnica podrían distinguirse varias fases o tiempos que se suceden sin solución de continuidad y con la rapidez que permite la destreza alcanzada. Estas fases o tiempos son:

1. Encuentro-contacto-esquiva.
2. Desequilibrio de Uke.
3. Preparación de Tori para proyectar o inmovilizar.
4. Proyección o inmovilización.

Aun realizando el movimiento a la máxima velocidad y de manera fluida y continua, es preciso "dejar" que se cumpla y se agote cada fase, para no "abortar" los efectos que cada una ha de producir para lograr una ejecución correcta y eficaz.
Si se actúa con violencia o brusquedad (por la fuerza) inmediatamente se produce una reacción de resistencia en el oponente, que tensiona y rigidiza su cuerpo y sus movimientos, haciendo imposible la "unión" con él.
VARIANTES DE LA TÉCNICA. La ejecución de una técnica admite algunas variantes basadas siempre en la no-resistencia, pudiendo distinguir:

1. Al iniciar el movimiento: Irimi o Tenkan.
2. Durante la ejecución: Uchi (interior), Soto (exterior).
3. Al finalizar: proyección en Omote o proyección en Ura.
4. En el tiempo de reacción: antes del ataque de Uke (sen-no-sen); al mismo tiempo que Uke (tai-no-sen); después del ataque (Go-no-sen).
5. Por combinación: ataque-técnica-resistencia de Uke-combinación.
6. Creando la oportunidad: por iniciativa de Tori; por engaño empezando con otra técnica.

ESTUDIO DE LA ESTRATEGIA. CLASE PRÁCTICA

Los alumnos trabajarán en grupos de tres. Dos Ukes contra Tori, al que atacarán uno después del otro pero sin pausa y a toda velocidad.

ATAQUES DE LOS UKES:		*DEFENSA DE TORI:*
Uke 1	AI HAMMI KATATE DORI.	IRIMI NAGE.
Uke 2	SHOMEN UCHI.	IKKYO.
Uke 1	AI HAMMI KATATE DORI.	IKKYO.
Uke 2	SHOMEN UCHI.	IRIMI NAGE.
Uke 1	KATATE DORI.	IKKYO.
Uke 2	JODAN TSUKI.	KOTE GAESHI.
Uke 1	KATATE DORI.	KOKYU NAGE.
Uke 2	YOKOMEN UCHI.	SHIHO NAGE.
Uke 1	KATATE RYOTE DORI.	KOTE GAESHI.
Uke 2	MAE GERI.	IRIMI NAGE.
Uke 1	RYOTE DORI.	NIKYO.
Uke 2	JODAN TSUKI.	IRIMI NAGE.

Objetivo de esta clase:

a) Tori marca el ritmo de trabajo interponiendo siempre a Uke 1 por delante de Uke 2 para perturbar y retrasar su ataque.
b) Procurar no dar la espalda en ningún momento a ninguno de los dos Ukes.
c) Aprender a controlar imperceptiblemente la respiración para retrasar la aparición de la fatiga.
d) No entretenerse más de lo necesario en la inmovilización del atacante porque queda otro libre y en disposición de atacar.

ENTRENAMIENTO SICOLÓGICO

El objetivo de este entrenamiento es el descubrimiento o constatación de la influencia de los procesos síquicos en el cuerpo, la conducta y la capacidad de moverse.

Es sabido que la aptitud o el grado de rendimiento absoluto de una persona, se ve disminuido normalmente bajo condiciones de peligro, prueba, tensión sicológica, etc.

Para alcanzar un rendimiento óptimo, o al menos aceptable, es imprescindible el autocontrol de los procesos sicofisiológicos, es decir, aquellos en los que la voluntad no puede influir de manera directa.

Figura 194

EL SILENCIO. Una de las cosas más provechosas y difíciles de conseguir en el Dojo es la práctica en silencio.

Algunas parejas de aikidokas, no todas, no saben resistirse a intercambiar explicaciones, manifestar dudas, dificultades o descubrimientos, e incluso comentarios humorísticos, confidencias, etc. alejándose sin darse cuenta de la actitud que requiere el entrenamiento.

El descubrimiento de los "secretos" de cada técnica y su ejecución perfecta sólo son posibles estando "presentes aquí y ahora", y naturalmente el silencio verbal es su mejor aliado.

El ruido distrae, confunde e impide la práctica correcta y el progreso, y como resultado supone una pérdida de tiempo lamentable. El cuerpo no necesita explicaciones ni argumentos intelectuales para aprender movimientos, le basta con repetir cada gesto una y otra vez en silencio. Es la única vía para ir descubriendo sucesivamente los detalles convenientes.

El Maestro Ueshiba era muy escrupuloso al respecto y afirmaba que el perfeccionamiento del aikidoka no era posible sin un clima de respeto hacia el lugar donde se busca obtener este mejoramiento. Según él, no puede haber calma interior en una ambiente ruidoso, poco serio, ya que las clases de Aikido debían desarrollarse en un ambiente sereno, de silencio.

Puesta en práctica. El profesor, de vez en cuando, al empezar la clase, puede proponer a los alumnos trabajar durante los quince primeros minutos en silencio absoluto:

"A partir de este momento, nadie pronunciará una sola palabra, ni incluso en voz baja...". Ni tampoco el profesor, que realizará los movimientos o demostraciones en silencio y ordenará el desarrollo de la clase mediante gestos o señas.

¿Qué se pretende con este ejercicio...?

1. Afirmar el autodominio de unos y otros sobre su medio de expresión esencial.
2. Facilitar la toma de conciencia de las acciones del cuerpo, al estar más presentes a lo que se está haciendo.
3. Búsqueda o descubrimiento de otros medios de expresión.
4. Entendimiento, corrección y adquisición de la buena técnica a través del cuerpo y no del intelecto o las palabras.
5. Disfrute del clima de seriedad y respeto que se va creando, en el que lo que se está haciendo cobra un nuevo valor para el aikidoka.

ROMPER EL CUERPO. Es una expresión japonesa cuyo verdadero sentido significa "llegar hasta el límite...".
Ejercicio: En una clase o entrenamiento, defenderse del mismo ataque mil veces. Uke ataca mil veces de la misma manera.

Tori podrá realizar cualquier técnica, evitando proyectar a Uke todas las veces.

Tori procurará mantener un ritmo de trabajo vivo, por ejemplo 4 ó 5 ataques por minuto.

Figura 195

Para que sea más educativo y menos monótono, realizar 50 ataques por pareja, en series de 5 alternando el rol de Uke y de Tori y cambios de pareja al finalizar los 50 ataques.

Objetivos de este ejercicio:

1. Toma real de conciencia de los propios límites físicos y síquicos.
2. Reforzamiento de la voluntad.
3. Mayor conocimiento del gasto y del ahorro de energía.
4. Adquisición de autoconfianza.
5. Descubrimiento de que se puede "ir más lejos" de lo que uno mismo creia.

CAPÍTULO XVII

RENRAKU WAZA. EL ARTE DE COMBINAR LAS TÉCNICAS

"Si se enseña algo a un hombre, jamás lo aprenderá".
GEORGE BERNARD SHAW

Renraku Waza es el arte de combinar (en sucesión) dos o más técnicas de proyección, inmovilización, luxación o estrangulación, aprovechando la reacción refleja de resistencia del oponente, o bien provocándola con un primer ataque que no va a tener éxito pero cuyo objetivo es preparar el camino al siguiente.

Uke puede resistir de varias formas:

1°. Resistencia estática por simple contracción o tensión muscular.
2°. Golpeando a Tori si éste queda al alcance de sus puños o pies.
3°. Desplazándose, apartándose de Tori (esquiva, retirada, empujón, etc.).
4°. Realizando un movimiento totalmente opuesto. (Por ejemplo, Tori le empuja hacia el suelo, y Uke resiste empujando hacia arriba).
5°. Intentando a su vez atacar a Tori.

Tori, para aplicar una combinación, deberá tener en cuenta estos principios:

1°. Mover a Uke para desequilibrarle.
2°. No aplicar nunca una técnica por "pura fuerza".
3°. Aprovechar siempre la fuerza y la dirección del gesto de Uke añadiéndole la propia.
4°. Enlazar las técnicas con suavidad, lógica, ritmo, armonía y eficacia, sin dejar ningún resquicio que permita a Uke escapar o golpear.
5°. No empeñarse, obstinarse, ni insistir por la fuerza en acabar una técnica que ha sido descubierta y a la que el oponente resiste con energía, es el momento de cambiar a otra inmediatamente. Esta es la razón de ser de las combinaciones.
6°. Las combinaciones se realizan "siguiendo más los principios de aplicación" que determinando a priori las técnicas a enlazar.
7°. El cuerpo ha de actuar en bloque, y no por partes separadamente. (El error más frecuente se comete a través de la actuación independiente de los brazos o manos que se contraen, flexionan o alejan del hara).

En las páginas que siguen, el lector encontrará 34 combinaciones y un encadenamiento, cuyas técnicas están basadas en los principios descritos. Existen muchas más, pero creo que con las expuestas, tendrá suficiente materia de práctica y reflexión para un tiempo, pasado el cual seguramente estará en condiciones de descubrir muchas otras por sí mismo.

TORI = PABLO NALDA
UKE = MARIANO FRIGOLA

COMBINACIÓN Nº 1

IRIMINAGE OMOTE – IRIMINAGE URA

Uke ataca en Shomen uchi

1. Tori intenta Irimi Nage Omote.
2. Uke resiste empujando hacia adelante.
3. Tori hace tai-sabaki Irimi-Tenkan en círculo hacia su lado derecho arrastrando a Uke.
4. Realiza Irimi Nage en Ura.

1	2
3	4

COMBINACIÓN Nº 2

IRIMINAGE – JUJI GATAME

Uke agarra a Tori en Ai hammi katate dori

1. Tori realiza Irimi Nage Omote.
2. Uke cae, pero queda agarrado a la muñeca o brazo de Tori.
3. Tori coge con ambas manos la muñeca de Uke, estirando el brazo hacia arriba al tiempo que pasa su pie por delante del cuello de éste.
4. Tori se deja caer de espalda al suelo, perpendicular a Uke y aprisionando el brazo de éste con sus rodillas, puede luxarle el codo. (Juji Gatame).

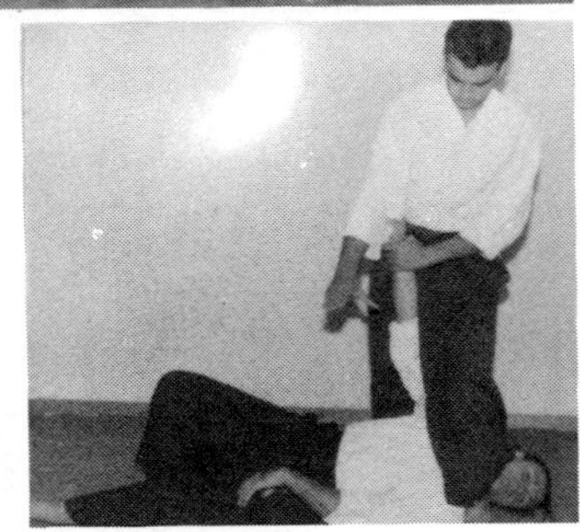

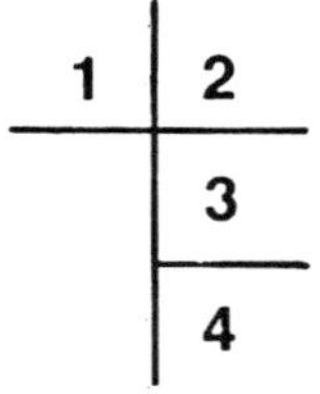

```
   1 │ 2
─────┼─────
     │ 3
   ──┼────
     │ 4
```

COMBINACIÓN Nº 3

IRIMINAGE DERECHA – IRIMINAGE IZQUIERDA

Uke ataca en Shomen Uchi

1. Tori intenta Irimi Nage por el lado derecho de Uke.
2. Uke escapa de los brazos de Tori haciendo tai-sabaki hacia atrás.
3. Tori cambia la posición de sus brazos, girando hacia Uke, sin perder el contacto, y desequilibrándole en la dirección que escapa.
4. Realiza Irimi Nage Omote por el lado derecho.

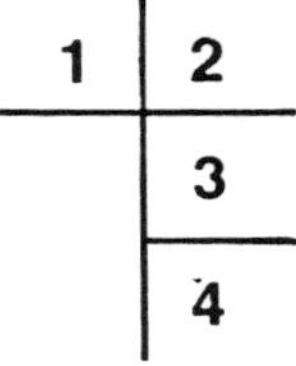

COMBINACIÓN Nº 4

IRIMI NAGE – USHIRO KIRI OTOSHI

Uke ataca en Shomen Uchi

1. Tori entra en Irimi Nage Omote.
2. Uke con su brazo derecho desvía hacia arriba el brazo de Tori que iba hacia su cara o cuello.
3. Tori pasa este brazo por encima de la cabeza de Uke, se desplaza hacia su espalda y girando coge los dos hombros de éste.
4. Da un paso atrás ejecutando Ushiro Kiri Otoshi.

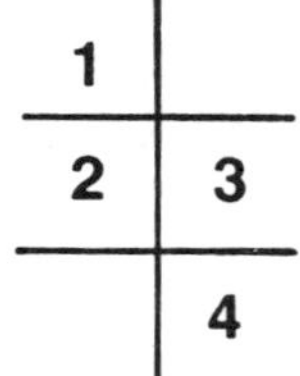

COMBINACIÓN Nº 5

IRIMINAGE – O GOSHI

Uke ataca en Shomen Uchi

1. Tori entra Irimi Nage Omote.
2. Uke resiste haciendo fuerza hacia adelante.
3. Tori coge el brazo izquierdo de Uke y se prepara para realizar una entrada de cadera.
4. Le abraza por la espalda habiendo colocado su centro de gravedad por delante y más abajo que el de Uke.
5. Proyecta al oponente por encima de su cadera. (O Goshi).

1	2	
3	4	5

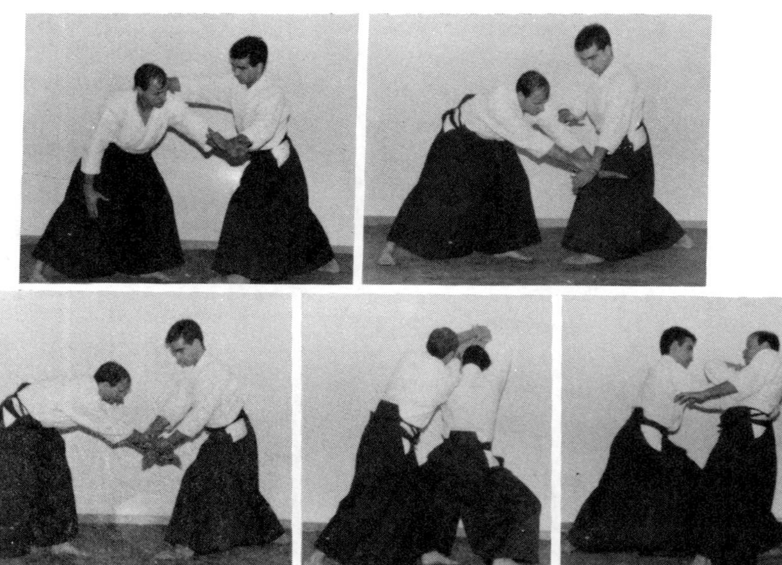

COMBINACIÓN Nº 6

IRIMINAGE – SHIHO NAGE

Uke ataca en Shomen Uchi

1. Tori intenta Irimi Nage.
2. Uke agarra la muñeca de Tori resistiendo.
3. Tori con su mano libre, apresa la muñeca de Uke y realiza un movimiento de brazos hacia arriba.
4. Entra y pasa bajo los brazos del oponente.
5. Shiho Nage.

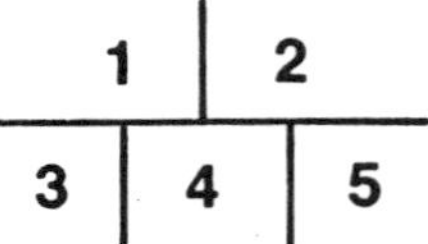

COMBINACIÓN Nº 7

KOTE GAESHI – KOKYU NAGE (USHIRO)

1. Uke agarra a Tori en Ai hammi katate dori.
2. Tori hace tai-sabaki para realizar Kote Gaeshi.
3. Uke resiste agarrando con su mano libre las de Tori para impedir la técnica.
4. Tori soltando su mano, hace tai-sabaki y toma contacto con el cuerpo de Uke.
5. Le proyecta de espaldas mediante Kokyu Nage.

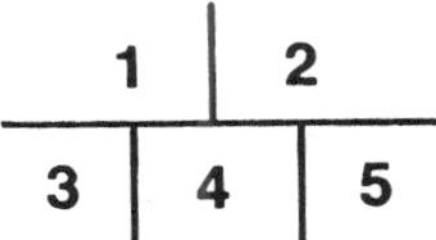

COMBINACIÓN Nº 8

KOTE GAESHI – KOKYU NAGE (MAE)

1 y 2. Igual que en la técnica n° 7.
3. Tori aplica un atemi a la cara de Uke.
4. Apoya su mano izquierda sobre el codo de Uke, da un paso atrás y tirando de los brazos de éste, apoya la rodilla en el suelo y le proyecta de costado o hacia adelante.

COMBINACIÓN Nº 9

KOTE GAESHI – SOTO KAITEN NAGE

Uke ataca en Chudan Tsuki

1. Tori desvía el brazo, hacia tai-sabaki e intenta Kote Gaeshi.
2. Uke resiste.
3. Uke resiste llevando su brazo apresado hacia atrás o desplazando su cuerpo por el costado de Tori.
4. Tori cede y prepara Soto Kaiten Nage.
5. Soto Kaiten Nage.

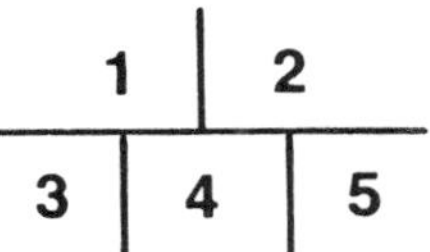

COMBINACIÓN Nº 10

KOTE GAESHI – IRIMI NAGE

Uke ataca en Chudan Tsuki

1. Tori desvía el brazo, hace tai-sabaki e intenta Kote Gaeshi.
2. Uke resiste y suelta su mano apresada.
3. Tori encadena y desequilibra a Uke.
4. Irimi Nage.

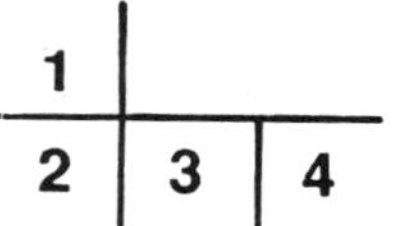

COMBINACIÓN Nº 11

KOTE GAESHI – KOSHI NAGE

Uke ataca en Chudan Tsuki

1. Tori desvía el golpe e intenta Kote Gaeshi.
2. Uke es muy fuerte, rigidiza su muñeca. Tori abandona Kote Gaeshi, y tira del brazo de Uke hacia adelante.
3. Tori entra, flexionando las piernas, para hacer Koshi Nage, tirando del brazo de Uke bien hacia arriba.
4. Koshi Nage.

COMBINACIÓN Nº 12

SHIHO NAGE – SHIHO NAGE

1. Uke ataca en Katate Dori.
2. Tori intenta Shiho Nage.
3. Uke para escapar, se da la
   vuelta girando sobre sí mismo.
4. Tori se aleja de Uke tirando
   fuertemente de su brazo para
   desequilibrarle.
5 y 6. Intenta de nuevo Shiho
   Nage.

1	2	3
4	5	6

COMBINACIÓN Nº 13

SHIHO NAGE – IRIMI NAGE

Uke ataca en Katate Dori

1. Tori intenta Shiho Nage.
2. Igual que en la nº 12.
3. Igual que en la nº 12.
4. Irimi Nage.

1	2
	3
	4

COMBINACIÓN Nº 14

SHIHO NAGE – UCHI KAITEN SANKYO

Uke ataca en Katate Dori

1. Tori intenta Shiho Nage.
2. Uke se desplaza por delante hacia Tori para golpearle con la mano libre.
3. Tori esquiva levantando el brazo de Uke y pasando por debajo de él.
4. Realiza Uchi Kaiten Sankyo.

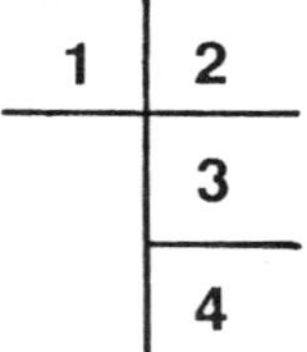

1	2
	3
	4

COMBINACIÓN Nº 15

SHIHO NAGE – KOSHI NAGE

1. Uke ataca en Katate Dori.
2. Tori intenta Shiho Nage, pero Uke se da la vuelta y escapa.
3. Tori se separa de Uke tirando de su brazo para desequilibrarle.
4. Entra delante y debajo del centro de gravedad de Uke tirando de su brazo hacia arriba.
5. Koshi Nage.

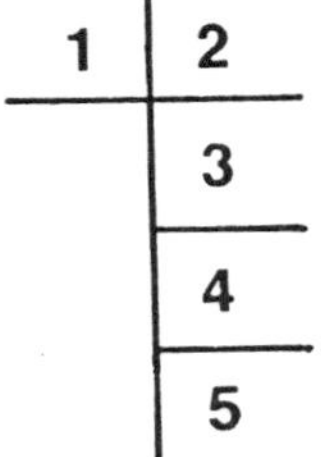

COMBINACIÓN Nº 16

SHIHO NAGE – KOKYU NAGE

Uke ataca en Katate Dori

1. Tori intenta entrar en Shiho Nage Irimi.
2. Uke resiste bajando su cuerpo.
3. Tori aproxima su hombro al de Uke y extiende su brazo hacia arriba.
4. Le proyecta hacia atrás en Kokyu Nage.

| 1 | 2 | 3 | 4 |

COMBINACIÓN Nº 17

SHIHO NAGE – UDEKIMENAGE

Uke ataca en Katate Dori

1. Tori intenta entrar en Shiho Nage Irimi.
2. Uke resiste bajando su brazo apresado y retrasando el cuerpo.
3. Tori hace tai-sabaki hacia la espalda de Uke.
4. Realiza Udekimenage Ura.

| 1 | 2 | 3 | 4 |

 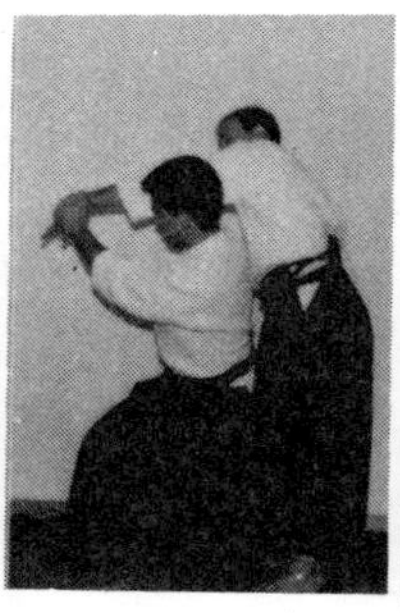 

COMBINACIÓN Nº 18

KOSHI NAGE – SHIHO NAGE

1. Uke apresa a Tori en Ai-hanmi katate dori.
2. Tori entra en Koshi Nage de manera parecida a Ippon Seoi Nage.
3. Uke escapa desplazándose por el costado derecho de Tori hasta encontrarse delante de éste.
4. Tori desequilibra a Uke tirando de su brazo hacia arriba.
5. Shiho Nage Ura.

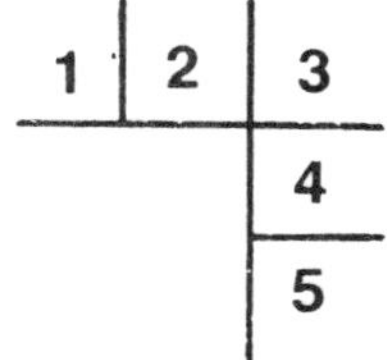

COMBINACIÓN Nº 19

KOSHI NAGE – KOTE GAESHI

1. Uke apresa a Tori en Katate Dori.
2. Tori entra en Koshi Nage (igual que en Ippon Seoi Nage).
3. Uke se escapa desplazándose por el lado izquierdo de Tori y se coloca delante de éste.
4. Tori con su brazo apresado describe un arco de círculo hacia arriba y su mano izquierda agarra la mano de Uke que ha quedado debajo.
5. Kote Gaeshi.

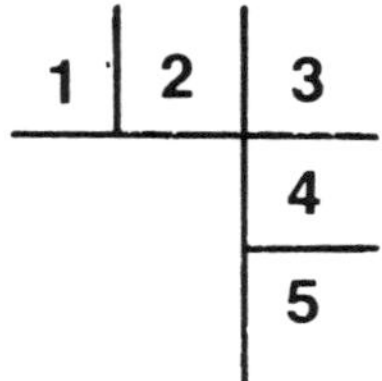

1	2	3
		4
		5

COMBINACIÓN Nº 20

KOSHI NAGE – TENCHI NAGE

1, 2 y 3. igual que en la técnica
            n° 19.
4. Tori desplazando su cuerpo,
   sigue el movimiento de su brazo
   hasta hacer posible Tenchi
   Nage.

1	**2**
3	**4**

COMBINACIÓN Nº 21

KOSHI NAGE – UCHI KAITEN SANKYO

1. Uke apresa a Tori en Ai Hammi Katate Dori.
2. Tori entra en Koshi Nage (como en Ippon Seoi Nage).
3. Uke escapa desplazándose por el lado derecho de Tori e intenta golpearle.
4. Tori pasa bajo el brazo de Uke yendo hacia su derecha.
5. Sankyo.

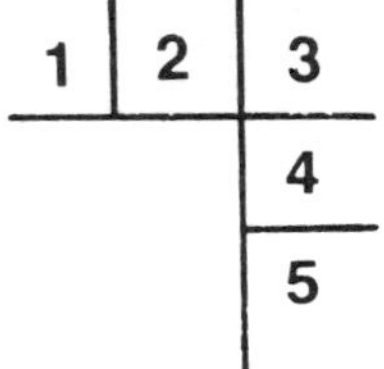

COMBINACIÓN Nº 22

KOSHI NAGE – UCHI KAITEN NAGE

1, 2 y 3 igual que en la técnica
       n° 21
4. Tori pasa bajo el brazo de Uke,
   tirando después del mismo
   hacia abajo.
5. Kaiten Nage.

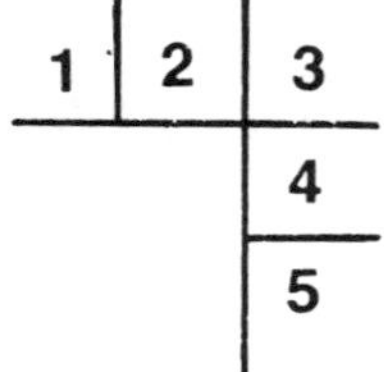

```
 1 | 2 | 3
       |
       | 4
       |
       | 5
```

COMBINACIÓN Nº 23

UCHI KAITEN NAGE – IKKYO

Uke apresa a Tori en Katate Dori

1. Tori aplica un atemi a Uke levantando el brazo apresado.
2. Pasa bajo el brazo de Uke.
3. Intenta Kaiten Nage pero Uke resiste.
4. Apresa la muñeca de Uke, al tiempo que libera su mano.
5. Desde esta posición puede realizar Ikkyo, Nikyo, o Sankyo.

1	2	3
4	5	

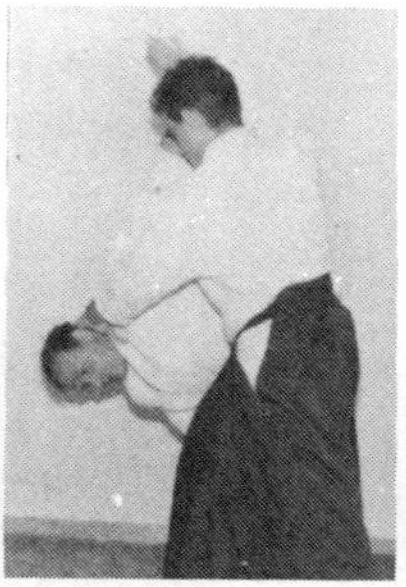

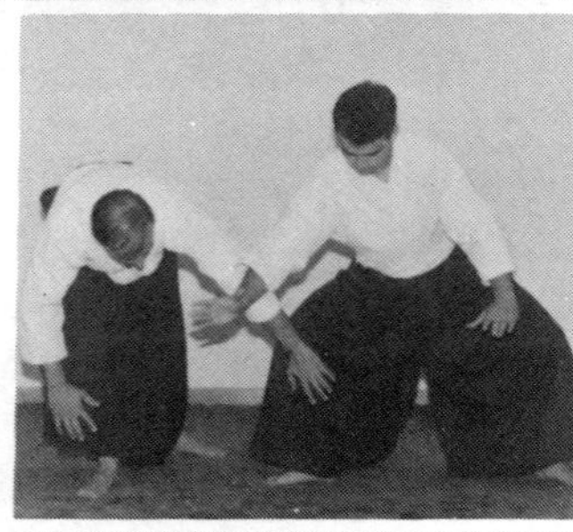

COMBINACIÓN Nº 24

KAITENNAGE OMOTE – KAITEN NAGE URA

1. Uke apresa a Tori en Katate Dori.
2. Tori aplica un atemi e intenta Soto Kaiten Nage.
3. Uke resiste desplazándose hacia adelante.
4. Tori le sigue y hace tai-sabaki en Ura cambiando la dirección de Uke.
5. Sotokaiten Nage en dirección opuesta al primer intento.

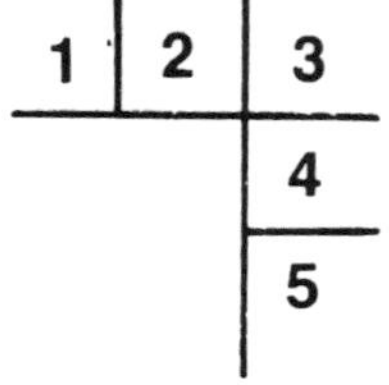

COMBINACIÓN Nº 25

UCHI KAITEN NAGE – UDE GARAMI

1, 2 y 3 igual que en la técnica
    n° 23.
4. Enlaza con Ude Garami hasta
   llevarle al suelo.
5. Inmovilización por luxación Ude
   Garami.

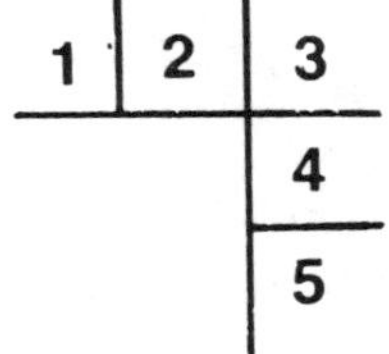

COMBINACIÓN Nº 26

UDEKIMENAGE – KOSHI NAGE

1. Uke apresa a Tori en Ai hammi katate Dori.
2. Tori desequilibra a Uke retrocediendo en Tsugi ashi, y haciendo Tai-sabaki para entrar Udekimenage. Uke resiste.
3. Tori aprovecha esta resistencia para llevar el brazo de Uke por encima de sus hombros y cabeza y entrar delante y debajo de él flexionando las piernas.
4. Koshi Nage por extensión de piernas, torsión del tronco y tirón tangencial del brazo de Uke.

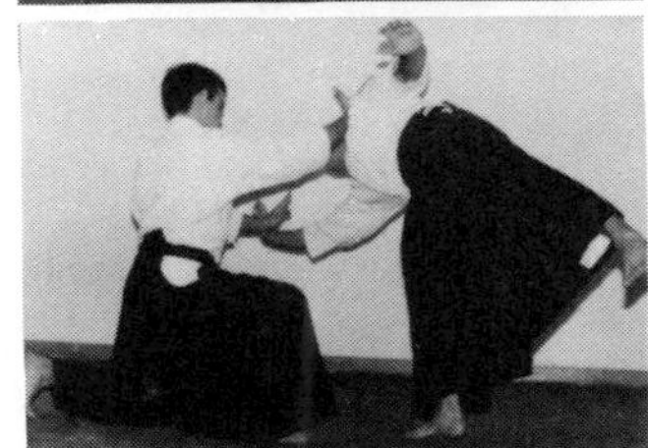

COMBINACIÓN Nº 27

IKKYO KOTE GAESHI

1. Uke ataca en Shomen Uchi.
2. Tori intenta Ikkyo, pero Uke resiste empujando.
3. Tori cede y libera su brazo apresado.
4. Proyecta a Uke en la misma dirección de su resistencia. (Kokyu Nage).

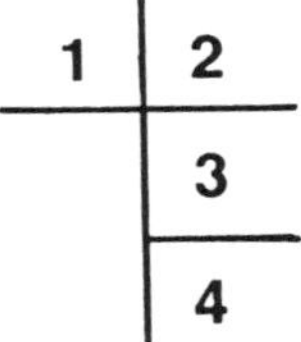

  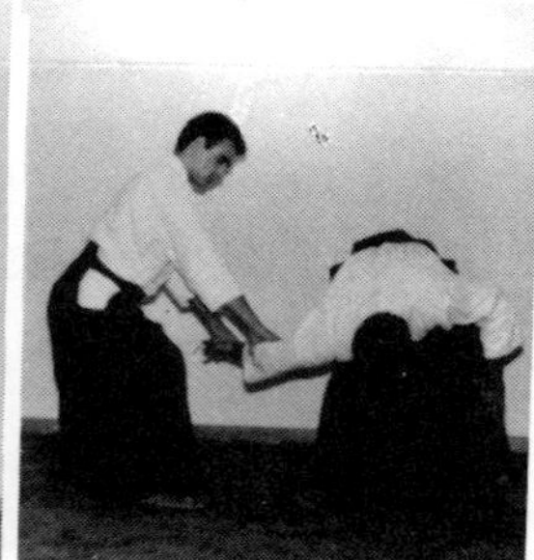

COMBINACIÓN Nº 28

IKKYO – SANKYO

1. Igual que en 1 y 2 de la nº 27.
2. Tori cambia su mano izquierda del codo al dorso de la mano de Uke.
3. Sankyo Ura.

| 1 | 2 | 3 | 4 |

COMBINACIÓN Nº 29

IKKYO – IRIMI NAGE

1. Igual que en 1 y 2 de la n° 27.
2. Tori cede, bajando el brazo de Uke y entrando hacia él.
3. Irimi Nage.

1 | 2 | 3 | 4

COMBINACIÓN Nº 30

IKKYO – KOSHI NAGE

1. Igual que 1 y 2 en la n° 27.
2. Tori intenta elevar el codo de Uke, haciéndose sitio para entrar.
3. Entra debajo y delante del centro de gravedad de Uke tirando de su brazo arriba y adelante, y abrazándole por la cintura.
4. Koshi Nage (como Uki Goshi).

| 1 | 2 | 3 | 4 |

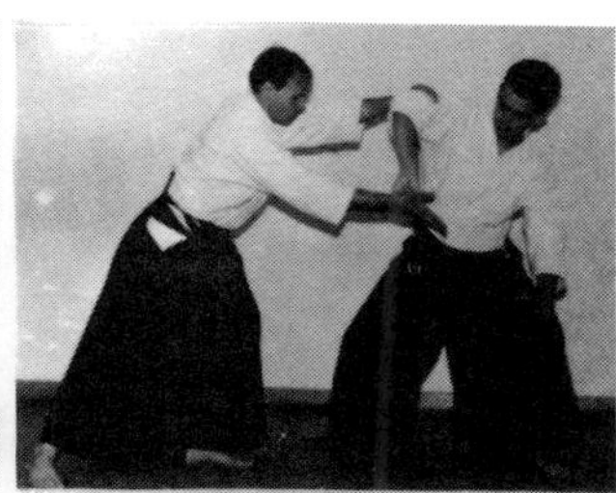

COMBINACIÓN Nº 31

IKKYO – KOTE GAESHI

1. Uke ataca en Shomen uchi. Tori intenta Ikkyo pero encuentra resistencia.
2. Uke intenta escapar pasando por delante de Tori para soltarse.
3. Tori prepara Kote Gaeshi, sobre la mano de Uke, que aún tiene apresada.
4. Kote Gaeshi.

1	2
	3
	4

COMBINACIÓN Nº 32

IKKYO – JUJI GARAMI

1. Igual que la técnica anterior.
2. Igual que la ténica anterior.
3. Tori estira su brazo y lo mueve en círculo hacia su derecha y hacia arriba.
4. Juji Garami.

	1	2
		3
		4

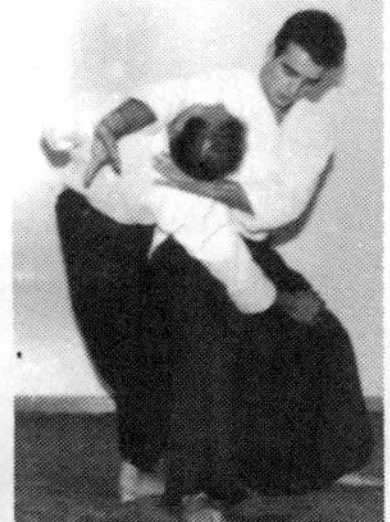

COMBINACIÓN Nº 33

SANKYO – IRIMI NAGE

1. Uke ataca Somen uchi, Tori intenta Sankyo Irimi, pero Uke resiste.
2. Tori intenta Sankyo Ura, pero Uke se revuelve dando la cara a Tori.
3. Tori aprovecha el giro de Uke para desequilibrarle tirando de su brazo.
4. Irimi Nage.

1	2	3	4

COMBINACIÓN Nº 34

HIJIKIMEOSAE – KOKYU NAGE

Uke ataca en Jodan Tsuki

1. Tori intenta Hijikimeosae.
2. Uke resiste incorporándose y rigidizando su brazo.
3. Tori hace Kokyu Nage golpeando con su codo la cara de Uke.

1	2	3

RENZOKU WAZA. ENCADENAMIENTO DE TÉCNICAS

Renzoku Waza es el arte de encadenar dos, tres o cuatro técnicas de manera lógica, racional y eficaz, siguiendo siempre las reacciones del oponente que al descubrir el ataque (presa, proyección, luxación, etc.) que va a sufrir, intenta escapar mediante una fuerte contracción muscular, un golpe, un desplazamiento, una resistencia integral, etc.

Esa acción suya o movimiento de huida, es la nueva ocasión –oportunidad– para que Tori pueda aplicar una nueva técnica sirviéndose o empleando a su favor la fuerza y la dirección de resistencia –a veces exagerada– de Uke que por ser de naturaleza innata y refleja, aparece siempre.

La práctica de Renzoku Waza sólo es posible cuando el aikidoka ha alcanzado un cierto grado de conocimiento (mínimo 1° Dan) es decir, cuando conoce y domina todas las técnicas fundamentales y sus principios de aplicación.

Partiendo del principio de que cada reacción defensiva de Uke es una nueva oportunidad para aplicar otra técnica, puede establecerse una forma de sistematización de aprendizaje o entrenamiento basada en la "acción refleja de sentido opuesto al ataque" actuando:

1. De delante atrás.
2. De atrás adelante.
3. De izquierda a derecha y viceversa.
4. De arriba abajo y viceversa.
5. De una técnica de proyección a una luxación.
6. De una técnica de control o inmovilización a una de proyección.
7. De una técnica de control a una proyección, y de ésta a una luxación.
8. De una técnica de proyección a otra proyección.
9. De una inmovilización a otra inmovilización.

Como se ha dicho anteriormente, es imprescindible ceder y adaptarse con fluidez, buscando utilizar siempre la fuerza de Uke o sus movimientos a nuestro favor.

A continuación se detalla un ejemplo de Renzoku Waza cuyo orden es el siguiente:

Uke agarra a Tori en Katate Dori y le atrae hacia sí.
Kori hace Kokyu Nage con el brazo apresado.
Tori hace Kokyu Nage con el brazo libre.

Tori hace Nikyo hacia el lado izquierdo de Uke.
Tori hace Shiho Nage hacia el lado derecho de Uke.
Tori hace Kote Gaeshi hacia el lado izquierdo de Uke.

RENZOKU WAZA. Ejemplo de encadenamiento

Foto 1. Uke agarra a Tori en Katate Ryote Dori y le atrae hacia él.
Foto 2. Tori cede, se acerca a Uke e intenta Kokyu Nage. Tori resiste y tira de nuevo con sus brazos hacia atrás.
Foto 3. Tori cede, hace un tai-sabaki de 180° hacia Uke.
Foto 4. Intenta realizar Kokyu Nage con el brazo libre, pero Uke resiste tirando de las manos hacia su lateral izquierdo.
Foto 5. Tori cede al tirón, se une a él en un movimiento circular de su brazo e intenta Nikyo.
Foto 6. Uke resiste empujando los brazos de Tori hacia abajo y adelante.
Foto 7. Tori cede, se une a esa acción e intenta enlazar Shiho Nage hacia el lado derecho de Uke, pero Uke resiste e inmoviliza los brazos de Tori a la altura de su cara.
Foto 8. Tori cede, baja sus brazos en la dirección de la resistencia de Uke coge la otra mano de éste y...
Foto 9. Hace Kote gaeshi –previo tai sabaki– hacia atrás en dirección opuesta a la que iba a realizar Shiho Nage.

TORI = PABLO NALDA
UKE = MARIANO FRIGOLA

1	2	3
4	5	6
7	8	9

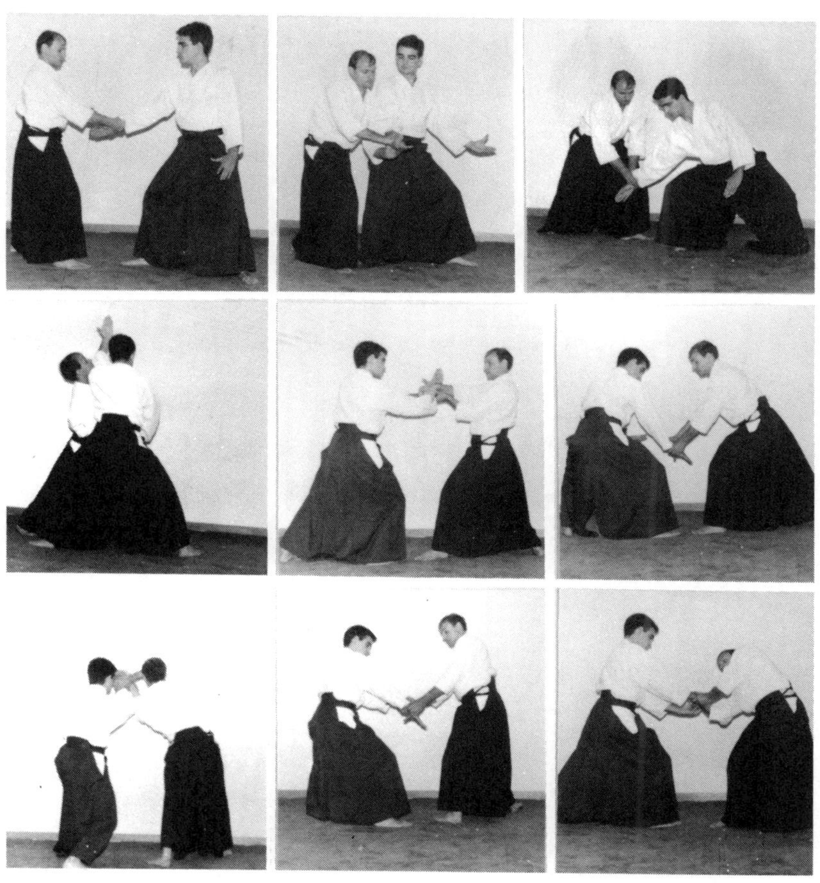

CAPÍTULO XVIII

KAESHI WAZA. ARTE DE CONTRAATACAR

"El verdadero modo de no saber nada es aprenderlo todo a la vez".

GEORGE SAND

Kaeshi Waza es el arte de esquivar, romper, neutralizar o anular el ataque de Uke y aplicarle inmediatamente una contrapresa apropiada. El ataque de Uke puede romperse o neutralizarse mediante:

– La esquiva que producirá desequilibrio sobre Uke.
– Ceder a su impulso y unirse a él.
– Resistir mediante la contracción de los músculos, en la actitud de brazo inflexible.
– Aprovechar la pérdida de potencia y equilibrio de Uke para aplicarle una contrapresa lógica, racional y eficaz.

Las formas de contraatacar son numerosas, aunque fundamentalmente se basan en unos pocos principios tales como:

1. Contra una técnica de control –inmovilización– responder con otra técnica de control previo cambio de la dirección del ataque de Uke.
2. Contra una técnica de control, responder con una de proyección, aprovechando el impulso y la dirección de Uke.
3. Contra una técnica de proyección responder con otra proyección.
4. Contra una técnica de proyección, responder con una luxación, aprovechando su vacilación o falta de desequilibrio.
5. Contra una técnica de control o proyección, resistir con fuerza y ceder repentinamente para crear su desequilibrio y poder proyectarlo.

Se dice que el maestro Ueshiba, sólo enseñaba en secreto, el Kaeshi-Waza, a sus alumnos más aventajados o de más confianza, para que cuando a su vez fuesen profesores, dispusieran de unos conocimientos más avanzados que les permitirían mantenerse en un nivel de eficacia superior.

El número de contrapresas posibles –como puede comprender el lector– es tan grande que aquí únicamente podemos ocuparnos de las más elementales o conocidas, que por otra parte son suficientes para colocar al aikidoka en un nivel de eficacia verdaderamente elevado.

TORI = PABLO NALDA
UKE = ARTURO NAVARRO

CONTRAPRESA Nº 1

IRIMI NAGE – SUMI OTOSHI

Tori provoca a Uke en Shomen Uchi

1. Uke intenta Irimi Nage.
2. Tori cede pero sin desequilibrarse (Jigo-Tai).
3. Tori coge la muñeca que Uke había colocado en su cuello y lo desequilibra tangencialmente mediante un tai-sabaki.
4. Tori hace Sumi Otoshi.

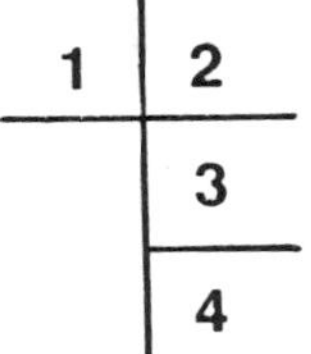

CONTRAPRESA Nº 2

IRIMI NAGE – IPPON SEOI NAGE (o SUKUI NAGE)

Tori provoca a Uke en Shomen Uchi

1. Uke intenta Irimi Nage.
2. Tori resiste sin desplazarse.
3. Tori con su mano izquierda coge la muñeca derecha de Uke y pasa el brazo derecho bajo el derecho de Uke colocando el cuerpo bajo el centro de gravedad de éste.
4. Tori realiza Ippon Seoi Nage o Sukui Nage en el caso de no poder coger las muñecas de Uke.

CONTRAPRESA Nº 3

SHIHO NAGE – SHIHO NAGE

Tori provoca a Uke en Yokomen Uchi

1. Uke responde al Yokomen.
2. Uke intenta Shiho Nage.
3. Tori coge a su vez la muñeca más próxima de Uke y se anticipa en velocidad para hacer...
4. Shiho Nage.

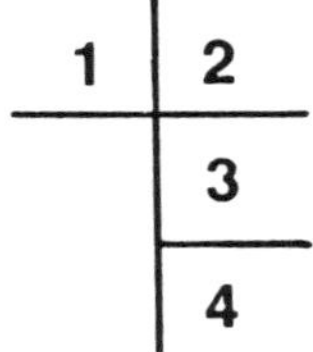

   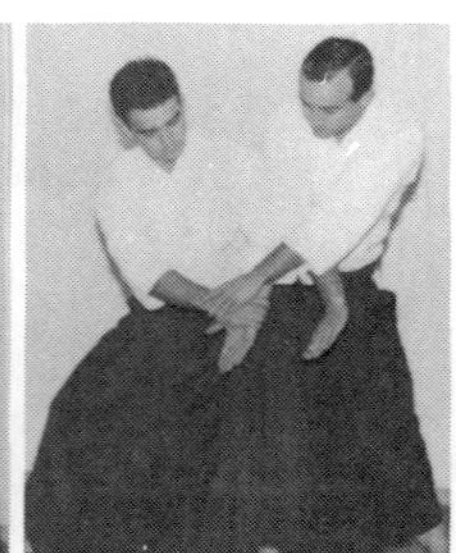

CONTRAPRESA Nº 4

SHIHO NAGE -- UDEKI MENAGE

1 y 2. igual que en la técnica n° 3.
3. Tori gira sobre sí mismo, adelantándose a Uke, y cuando éste termina su giro...
4. Tori entra en Udekimenage.

| 1 | 2 | 3 | 4 |

CONTRAPRESA Nº 5

SHIHO NAGE – IRIMI NAGE

1 y 2. igual que en la técnica n° 3.
3. Tori con su brazo apresado
   extendido hace Te-sabaki en
   círculo abajo y arriba.
4. Tori entra en Irimi Nage.

1	2
3	4

CONTRAPRESA Nº 6

SHIHO NAGE – KOKYU NAGE

1 y 2. igual que en la técnica n° 3.
3. Lleva su brazo apresado en actitud inflexible hacia arriba.
4. Kokyu Nage con atemi sobre el abdomen.

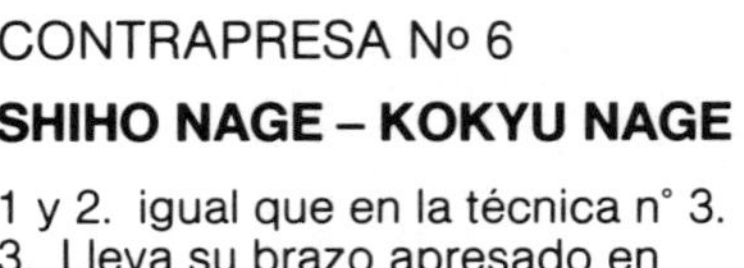
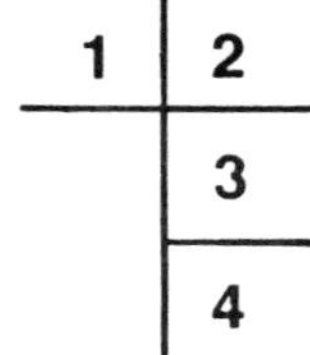

CONTRAPRESA Nº 7

SHIHO NAGE – NIKYO

1 y 2. igual que en la técnica n° 3.
3. Tori baja su brazo extendido e inflexible, hace tai-sabaki hacia adelante (de Uke) vuelve a elevar su brazo y...
4. Hace Nikyo.

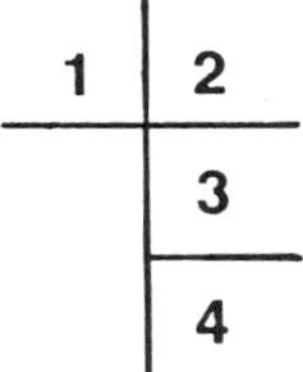

CONTRAPRESA Nº 8

KOTE GAESHI – SANKYO

1. Tori coge a Uke en Ai hammi Katate Dori.
2. Uke intenta Kote Gaeshi.
3. Tori cede, gira dejándose arrastrar por Uke, pero mantiene el brazo inflexible, e introduce la mano libre por entre las de Uke.
4. Apresa la mano de Uke y hace Sankyo.

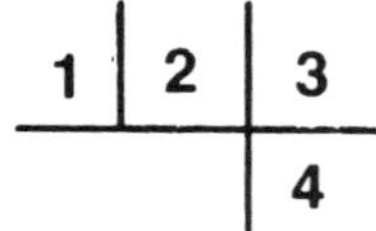

CONTRAPRESA Nº 9'

KOTE GAESHI – TENCHI NAGE

1 y 2. igual que en la técnica n° 8.
3. Tori lleva el brazo apresado
   –inflexible– hacia abajo y al
   exterior en un movimiento de
   arco de círculo y...
4. Entra en Tenchi Nage.

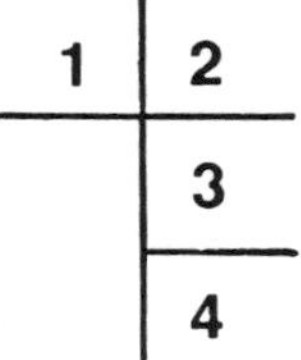

CONTRAPRESA Nº 10

KOTE GAESHI – KOKYU NAGE

1 y 2. igual que en la técnica n° 8.
3. Tori cede, se aproxima a Uke con un tai-sabaki elevando el brazo libre.
4. Kokyu Nage o codazo al rostro.

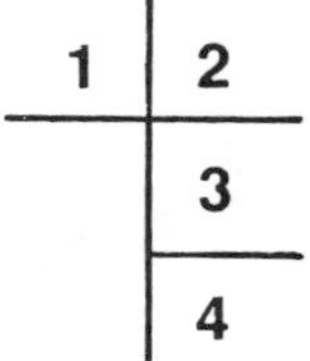

CONTRAPRESA Nº 11

KOTE GAESHI – KOTE GAESHI

1 y 2. igual que en la técnica n° 10.
3. Tori añade su impulso de desplazamiento al de Uke, coge la mano que ha quedado arriba y...
4. Hace Kote gaeshi con un tai sabaki en sentido opuesto al primero.

CONTRAPRESA Nº 12

KOTE GAESHI – UDEKI MENAGE

1 y 2. igual que en la técnica n° 10.
3. Tori rigidiza su muñeca
    apresada y con esa mano
    agarra la muñeca derecha de
    Uke.
4. Tori hace tai-sabaki hacia Uke y
    entra en Udekimenage.

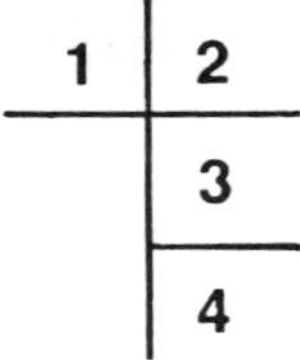

CONTRAPRESA Nº 13

KOTE GAESHI – UCHI KAITEN SANKYO

1. Tori ataca en Chudan Tsuki.
2. Uke esquiva e intenta Kote Gaeshi.
3. Tori lleva su brazo apresado atrás en arco de circulo, al tiempo que golpea a Uke.
4. Tori pasa bajo el brazo de Uke.
5. Y termina en Sankyo.

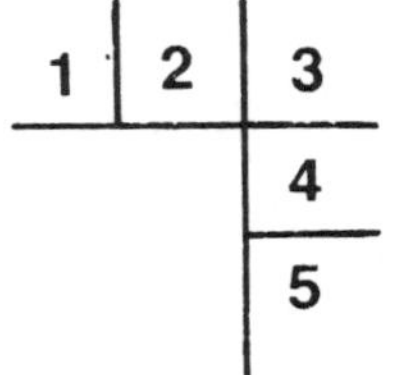

CONTRAPRESA Nº 14

UCHI KAITEN NAGE – KOKYU NAGE

1. Tori coge a Uke en Katate Dori.
2. Uke pasa bajo el brazo de Tori.
3. Uke intenta Kaiten Nage, pero Tori resiste.
4. Tori se incorpora, retrocede el pie derecho tirando de Uke en oblícuo.
5. Apoya su brazo izquierdo sobre el codo o bíceps de Uke y lo proyecta en Kokyu Nage apoyando la rodilla en el suelo si fuera necesario.

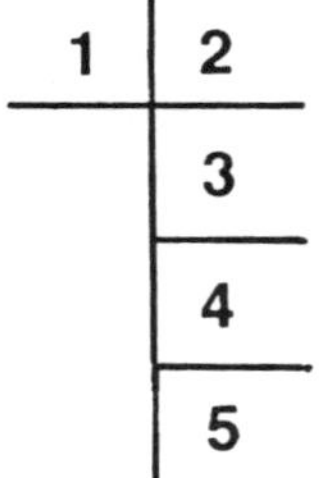

CONTRAPRESA Nº 15

KAITEN NAGE – KAITEN NAGE

1. Tori coge a Uke en Katate Dori.
2. Uke intenta Uchi Kaiten Nage.
3. Tori aprovecha el impulso de Uke para añadir el suyo y desequilibrarle entrando en...
4. Soto Kaiten Nage.

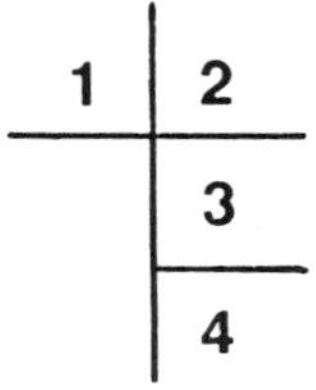

CONTRAPRESA Nº 16

TENCHI NAGE – KOSHI NAGE

1. Tori coge a Uke en Katate Dori.
2. Tori entra en Tenchi Nage.
3. Uke retrocede su pie derecho y eleva el brazo izquierdo.
5. Tori realiza Koshi Nage.

	1	2	3
			4
			5

CONTRAPRESA Nº 17

IKKYO – IKKYO

1. Tori provoca a Uke en Shomen uchi y éste intenta Ikkyo.
2. Tori resiste apoyando su mano en su frente y avanzando el pie atrasado.
3. Responde en Ikkyo Omote.

| 1 | 2 | 3 |

CONTRAPRESA Nº 18

IKKYO – IKKYO URA

1. Tori provoca a Uke en Shomen Uchi, éste intenta Ikkyo Omote.
2. Tori cede en Ura.
3. Se aparta de Uke para hacerse sitio y llevar el brazo apresado –inflexible– en un movimiento de círculo hacia arriba contra Uke.
4. Ikkyo en Ura.

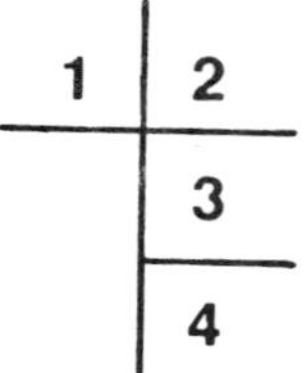

CONTRAPRESA Nº 19

IKKYO – NIKYO OMOTE

1. Igual que la n° 18.
2. Igual que en la n° 18.
3. Con su mano libre sujeta la mano de Uke por el dorso.
4. Nikyo Omote.

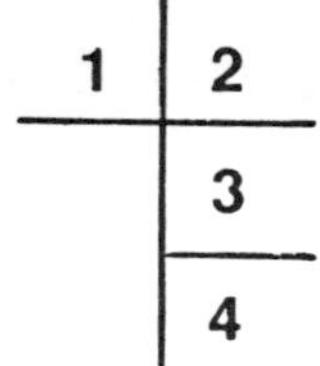

CONTRAPRESA Nº 20

IKKYO – NIKYO

1. Igual que en la n° 19.
2. Tori después de ceder apresa la mano de Uke que se apoya en su codo.
3. Inicia el Nikyo.
4. Nikyo Ura.

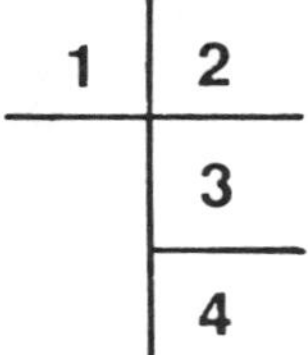

CONTRAPRESA Nº 21

IKKYO – IRIMI NAGE

1. Igual que en la n° 19.
2. Tori hace tai sabaki en Ura describiendo con su brazo apresado (inflexible) un movimiento de arco de abajo arriba.
3. Desequilibra a Uke y sigue su movimiento ascendente.
4. Avanza sobre Uke para hacer Irimi Nage Omote.

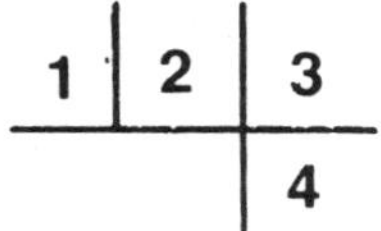

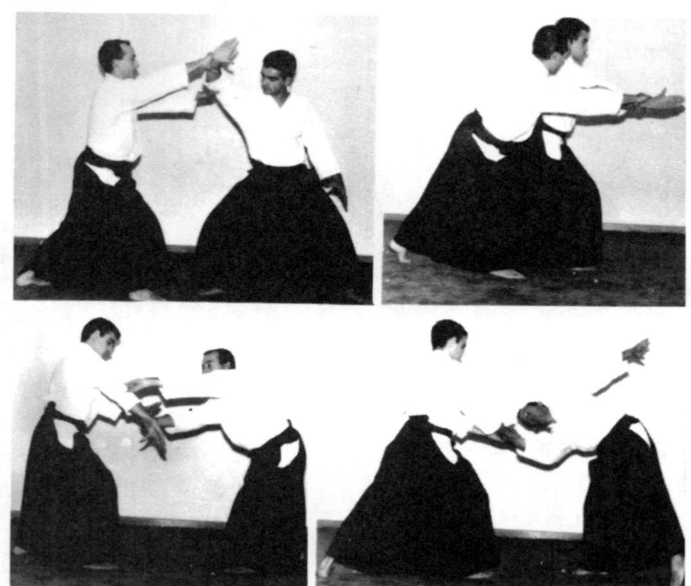

CONTRAPRESA Nº 22

IKKYO – KOTE GAESHI

1. Igual que en la técnica n° 21.
2. Igual que en la técnica n° 21.
3. Una vez frente a Uke coloca el pulgar de su mano libre sobre el dorso de la mano de Uke y describe con la mano apresada un círculo arriba y abajo que termina en...
4. Kote Gaeshi.

1	2
3	4

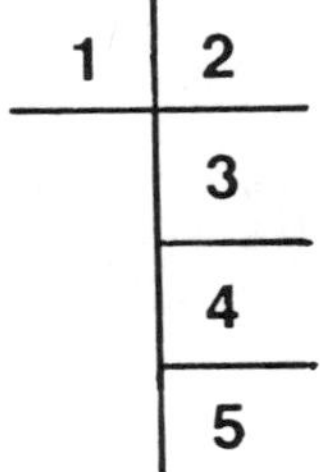

CONTRAPRESA Nº 23

IKKYO – SHIHO NAGE

1. Igual que en la técnica n° 22.
2. Igual que en la técnica n° 22.
3. Cuando ha hecho girar a Uke y lo tiene frente a sí, Tori coge la muñeca inferior.
4. Entra en Shiho Nage.
5. Shiho Nage.

CONTRAPRESA Nº 24

IKKYO – KOKYU NAGE

1. Igual que en la técnica n° 23.
2. Igual que en la técnica n° 23.
3. Desequilibra a Uke hacia abajo.
4. Avanza hacia Uke y realiza Kokyu Nage golpeando con el codo la cara de éste.

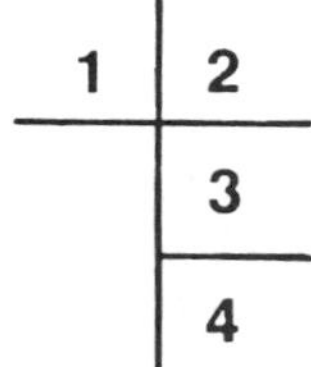

CONTRAPRESA Nº 25

IKKYO – KOKYU NAGE (o IPPON SEOI NAGE)

1. Igual que en la técnica n° 24.
2. Tori resiste estirando y llevando su brazo hacia arriba y girando para ceder.
3. Si Uke suelta su brazo izquierdo, Tori puede entrar en Kokyu Nage.
4. Kokyu Nage como en Irimi Nage.
5. En el caso de que Uke no suelte su brazo izquierdo Tori girando hacia él puede entrar en O Goshi, Uki Goshi, o Ippon Seoi Nage.

| 1 | 2 | 3 | 4 |

CONTRAPRESA Nº 26

IKKYO – KOSHI NAGE

1. Igual que en la nº 24.
2. Igual que en la nº 24.
3. Con su brazo apresado inflexible Tori describe un círculo de abajo arriba...
4. Que le permite entrar y colocarse debajo y delante de Uke tirando de su brazo hacia arriba.
5. Koshi Nage.

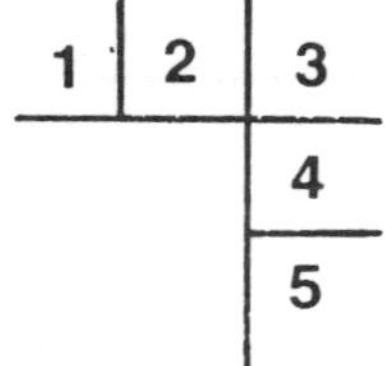

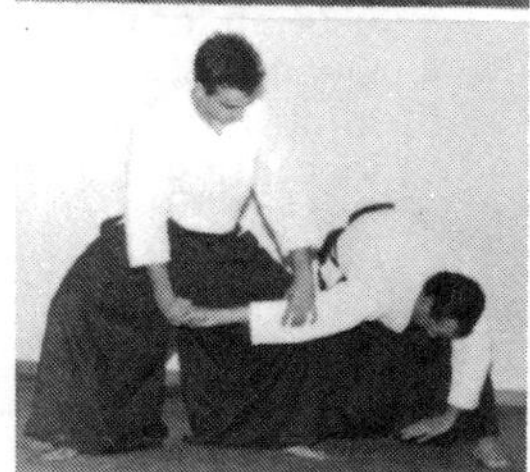

CONTRAPRESA Nº 27

NIKYO – SANKYO

1. Tori provoca a Uke en Shomen y éste intenta Nikyo.
2. Tori resiste y...
3. Avanza el pie atrasado hacia Uke introduciendo su mano por entre las de éste para coger palma con dorso.
4. Apresa la mano de Uke y gira o hace tai-sabaki en Ura.
5. Sankyo Ura.

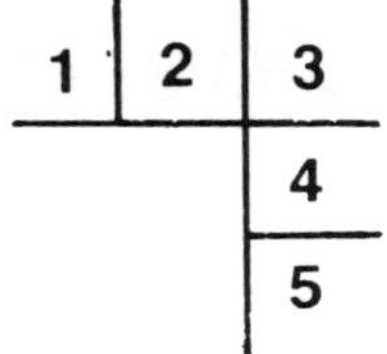

CONTRAPRESA Nº 28

NIKYO – IRIMI NAGE

1. Igual que en la técnica n° 27.
2. Igual que en la técnica n° 27.
3. Desequilibra a Uke
   desplazándose al costado de
   éste en Irimi-Tenkan.
4. Desequilibrio de Uke.
5. Irimi Nage cuando Uke intenta
   incorporarse.

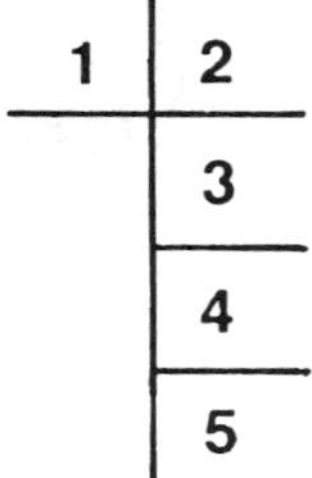

CONTRAPRESA Nº 29

NIKYO – KOSHI NAGE

1. Tori apresa a Uke en Ai hammi katate Dori.
2. Uke intenta Nikyo. Tori resiste.
3. Tori eleva su mano apresada, golpea a Uke y entra girando en Ura (el pie izquierdo en círculo por detrás del derecho).
4. Koshi Nage.

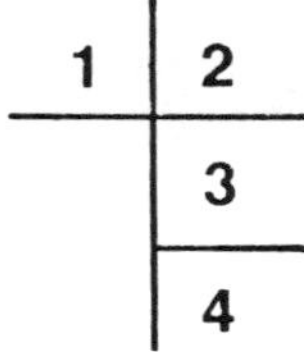

CONTRAPRESA Nº 30

NIKYO – KOTE GAESHI

1. Tori provoca a Uke en Shomen y éste intenta Nikyo.
2. Tori cede bajando su brazo en un movimiento de círculo.
3. Sigue el movimiento circular de su brazo ahora en sentido ascendente, mientras apoya el pulgar de su mano libre sobre el dorso de la de Uke.
4. Kote gaeshi, siguiendo el movimiento circular de sus brazos hacia abajo.

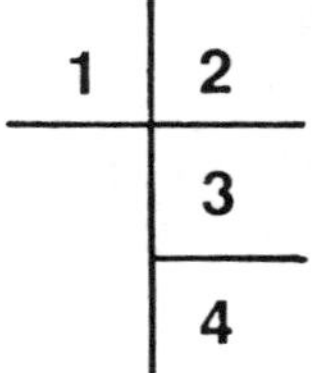

```
 1 | 2
   |___
   | 3
   |___
   | 4
```